Topos plus **Taschenbücher**
Band 439

€ 7,90

Hans Schaller

Wenn ich beten könnte

Topos plus Taschenbücher

Topos plus **Verlagsgemeinschaft**
Die Mitglieder der Verlagsgruppe Engagement:
Butzon & Bercker -Kevelaer | Don Bosco -München
Echter -Würzburg | Verlag Katholisches Bibelwerk -Stuttgart
Lahn-Verlag -Limburg Kevelaer | Matthias-Grünewald-Verlag -Mainz
Paulusverlag -Freiburg Schweiz | Friedrich Pustet -Regensburg
Styria -Graz Wien Köln | Tyrolia -Innsbruck Wien

e verlags gruppe engagement

Die Deutsche Bibliothek – CIP-Einheitsaufnahme
Ein Titeldatensatz für diese Publikation ist bei
Der Deutschen Bibliothek erhältlich

3. Auflage 2002

Einband- und Reihengestaltung:
Akut Werbung GmbH, Dortmund
Umschlagbild: Anneliese Hück (Abbaye Notre Dame d'Orval, Belgien)
Druck und Bindung: Pustet, Regensburg
Printed in Germany

Imprimi potest
Turici (Zürich), die 21 decembris 1996
Praep. Prov. Helv. SJ, Alois Baiker SJ

Topos plus – Bestellnummer: 3-7867-8439-6

Inhalt

Vorwort

Wenn ich beten könnte. – Ein Wunsch, der weit verbreitet ist und niemandem ganz unvertraut bleibt. Nicht demjenigen, der sich darum müht, täglich zu beten und darin zu wachsen; nicht dem methodisch Erfahrenen, der mit Kursen und Büchern in seinem Gebete weiterkommt; am wenigsten dem Anfänger, der das Land des Gebetes kaum oder nur aus der Ferne kennt, der aber von einer leisen Sehnsucht erfüllt ist, es einmal wirklich zu betreten.
Näher besehen gehören wir – was das Betenkönnen betrifft – alle zu den Anfängern. Immer wieder werden wir zu den ersten Schritten zurückgeführt. Auch, nachdem wir uns jahrelang bemüht haben und meinen, es schließlich erfaßt und verstanden zu haben. Immer wieder merken wir, daß, gerade mit wachsender Erfahrung, die Bitte darum, richtig beten zu können, an vorderste Stelle rückt. Es ergeht uns wie Paulus, der noch in reifem Alter seine Hilflosigkeit im Beten bekennt: „Wir wissen nicht, worum wir in richtiger Weise beten sollen; der Geist selbst tritt jedoch für uns ein mit Seufzen, das wir nicht in Worte fassen können“ (Röm 8,26). –
Die vorliegenden Gedanken möchten gerade an diesem Punkt ansetzen: beim Wunsch, beten zu können. Also nicht bei der Erfahrung, die man beim Beten machen kann, sondern bei dem, was ihr vorausgeht. Draußen an der Schwelle des Betens, sozusagen in der Vorhalle des Tempels. Da, wo das Leben mit all seinen Facetten uns ins Gebet hineinweist, wo wir noch zögern, mit Mißtrauen und Unkenntnis kämpfen, wo uns schließlich aber doch der Mut geschenkt werden kann, es zu versuchen. Beten wird durch Beten gelernt.
Wer mir bei diesen Überlegungen geholfen hat oder Pate gestanden ist? In den Monaten, in denen ich diese Gebets-

gedanken in mir herumtrug, geriet ich in ein immer tieferes Gespräch mit C.S. Lewis. Dieser englische Dichter und Philosoph kam mir nicht nur in der präzisen Klärung von theologischen Problemen, sondern auch in vielen Mühen von Formulierungen entgegen. Wo ich noch nach Worten suchte, war er schon mit einem passenden Bild zur Stelle, das den entscheidenden Punkt illustrierte. Wieviel ich ihm verdanke, zeigen nicht bloß die vielen Zitate, sondern wahrscheinlich auch die unbewußten Anleihen, die ich in seinem Werk machte.

Mehr im Hintergrund, aber mit nicht geringerem Einfluß, stand Ignatius von Loyola, mein eigentlicher Gebetslehrer, der gerade durch diese Arbeit ein wenig mehr noch zum „Vater meiner Seele“ (Franz Xaver an Ignatius) wurde. Er zwang mich, immer präziser nach einem Verständnis seiner Frömmigkeit zu suchen, die im „Gott finden in allen Dingen“ zusammengefaßt ist. Das Beten, wenn es authentisch und menschlich sein soll, muß im Alltag geerdet sein, muß zum Sauerteig werden, der alle unsere Tätigkeiten durchwirkt. Was Zeit und Ort betrifft, mag es einen eigenen Bereich erfordern, dennoch ist es kein Sonderbereich. Es bleibt „unvermischt und ungetrennt“ mit aller Welterfahrung verbunden, hilft, diese von Gott her zu verstehen, sie in seinem Sinne zu gestalten und sich mit ihr zu versöhnen.

Es ist nicht zuletzt die durchgehende Einbeziehung solcher alltäglicher Erfahrungen, die mir die Hoffnung gibt, daß die Hauptgedanken dieses Buches über den Hausgebrauch eines Priesterseminars, in dem sie hauptsächlich entstanden sind, hinausgehen; daß sie vielen anderen, die in rauherem Klima beten müssen, Anregung und Mut geben. –

Ich möchte das Buch nicht aus der Hand geben, ohne den vielen zu danken, die mich zu dieser Frage der Gebetspraxis genötigt haben, vor allem den Studenten des Germanicum-Hungaricum. Als Gesprächspartner sind sie mit ihren Einwänden und Fragen – nolens volens – zu Mit-Autoren des Buches geworden. – Nicht zuletzt gilt mein Dank Frau Annemarie Thöni, die im Sekretariat die verschiedenen redaktionellen Stufen geduldig und freundlich durchgetragen hat.

Rom, Mariä Lichtmeß 1997 *P. Hans Schaller SJ*

Eine Zeit zum Beten

Wenn ich doch mehr Zeit für mich hätte! Ein weit herum gehörter Stoßseufzer. Ich möchte einmal so richtig Zeit haben: Zeit, um ein Land kennen zu lernen, mich wieder länger in ein Buch zu vertiefen; Zeit haben für Gespräche, die nicht mit dem Blick auf die Uhr geführt werden müssen, endlich auch liegengebliebene Briefe an Freunde beantworten zu können. Ich möchte Zeit haben für Muße, für zweckfreies Tun ... und auch für das Beten.

1. Immer kommt etwas dazwischen

Wir Menschen sind widersprüchliche Wesen. Ist sie einmal da, diese Zeit, die wir uns für Ruhe und Gebet gewünscht haben, wissen wir meist nicht, damit umzugehen. Was wir uns vielleicht seit Wochen erträumt haben, will jetzt, wo es realisierbar wird, nur schwer gelingen. Die Zeit, die vorhanden ist, bleibt nicht nur ungenutzt, sondern wird erneut mit Hektik oder sinnlosem Allerlei gefüllt.
Dieser offensichtliche Widerspruch in unserem Verhalten hat jedoch seine Gründe, vor allem psychologische. Wir können der Seele nicht einfach Befehle geben, noch weniger sie in eine neue Spur zwingen. Jeder Wechsel von Tätigkeiten, alles Umsteigen braucht Zeit und Geduld. Das Schwungrad unserer Beschäftigungen muß auslaufen, damit der Atem ruhig wird und die Nerven aufhören zu kribbeln. Erst da, wo auch der Leib zur Ruhe gekommen ist, werden wir innerlich fähig, tieferen Gedanken nachzusinnen; da erst kann es gelingen, bei einem Geschehen, das uns berührt hat, zu verweilen; wir können in der Betrachtung einer schönen Landschaft glücklich werden, können Bilder in uns aufsteigen lassen, Musik hören, Erinnerun-

gen auskosten, Gefühle und Gedanken verarbeiten. Die Seele ist nun zu vielem bereit ..., auch zum Beten.

Und dennoch! Auch da, wo diese psychologischen Voraussetzungen erfüllt sind, will es oft nicht gelingen. Es sind nicht bloß seelische Widerstände, momentane Unpäßlichkeiten oder anderes Mißbehagen, was den Zugang zum Gebet erschwert. Immer wieder tauchen grundsätzliche Fragen auf, die den Sinn des Ganzen betreffen. Ob es denn überhaupt vernünftig sei zu beten? Ob es sich lohne, uns menschlich weiterbringe, ob wir durch Beten an innerer Einheit und Ganzheit gewinnen? – Wahrscheinlich sind es solche Bedenken, die uns hindern, uns für das Gebet wirklich Zeit zu nehmen. Es ist die Sinnfrage, die ansteht! – Davon aber später.

Neben inneren Gründen, die uns daran hindern, uns für das Beten Zeit zu nehmen, gibt es auch äußere Hindernisse, die unsere guten Absichten behindern und auch scheitern lassen. Das gesellschaftliche Geflecht, in dem wir leben und dem wir uns nicht ohne weiteres entziehen können, bringt viele zusätzliche Zwänge mit sich. Da wachsen zwischenmenschliche Erwartungen, entstehen Engpässe in der Berufsarbeit, und viel Unvorhergesehenes kommt noch hinzu. Andere Prioritäten, die quer zu unseren Absichten liegen, schieben sich oft gebieterisch dazwischen; sie sind im gegebenen Augenblick immer auch wichtig und dringlicher als alles, was wir uns an geistlichem Tun vorgenommen haben. Es ist nicht zu umgehen, daß wir dadurch öfter in Konflikte von Prioritäten geraten. Ohne daß wir es vermeiden können, werden wir in unseren guten Absichten verunsichert, bringen bei bestem Willen nicht immer das zustande, was wir eigentlich möchten und uns vorgenommen haben.

Was immer die Gründe sind, eines ist klar: Die Zeit für das Beten hat im Trubel des Alltags wie auch im Terminkalender einen schweren, wenn nicht gar den schwächsten Stand. Im Kampf um das, was jeweils vorrangig und wichtig sein soll, muß das Gebet oft zurücktreten, gerät an den Rand, oft in jene unfruchtbaren Zonen, wo wir zu viel anderem ohnehin nicht mehr fähig sind. Immer scheint anderes weniger verschiebbar zu sein. Der Gebetstermin ist schutzlos, am leichtesten angreifbar, muß am ehesten anderen Zwängen weichen.

2. Auf den Geschmack kommen

Was also muß geschehen, damit das Gebet auf unserer Prioritätenliste einen wichtigen Platz bekommt? Welche Erfahrungen müssen wir machen, damit wir anfangen, es zu schätzen, es für wichtig und notwendig zu halten?
Es ist klar, solche Hochschätzung des Betens geschieht nicht durch einen Willensakt, durch den wir uns die Wichtigkeit des Betens einschärfen; auch nicht dadurch, daß andere, die das Gebet als etwas Wichtiges für sich entdeckt haben, uns davon erzählen oder daß wir Kenntnisse aus Büchern beziehen. Das bringt uns vielleicht auf die Spur, macht neugierig, kann bewirken, daß wir es lernen wollen. Vielleicht lassen wir uns dazu anregen, uns in eine Schule des Gebets zu begeben. Aber mögen wir in der Kenntnis einer Methode noch so fortschreiten, mögen wir auch noch so detailliert darüber Bescheid wissen, wie wir es im Gebet methodisch anstellen müssen, dies alles vermag noch nicht zu bewirken, daß wir uns die dafür nötige Zeit nehmen. Die Einhaltung der zeitlichen Prioritäten muß noch von anderen Erfahrungen her motiviert werden.
Daß Beten für unser menschliches Dasein wichtig ist, das kann weder durch theoretische Vermittlung noch durch Trockenkurse allein erschlossen werden. Beten wird durch Beten gelernt. Durch ein geduldiges und beharrliches Üben, das uns auf den Geschmack kommen läßt. Was Henri Bremond in seinem Buch „Mystik und Poesie" über die Dichtung sagt, gilt auch für das Beten: „Wir lernen nicht schwim-

men; vielmehr eines Tages, mitten in der ersten Stunde oder auch erst am Ende der zwanzigsten, stellen wir fest: wir haben den Grund verloren, ohne unterzusinken, und wir kommen vom Fleck, ohne zu gehen – wir schwimmen."[1]

Irgendwie müssen wir es erfahren, wie dieses Element trägt, wie diese Atmosphäre des Betens uns im Innersten der Seele guttut. Daß Gott uns hält, daß er uns liebt, mehr als wir es selber können, das zu hören und zu erfahren läßt uns mit den tieferen Kräften unseres Daseins in Berührung kommen. Wir gewinnen dadurch an innerer Einheit, werden in unserem Selbstwertgefühl gestärkt und lernen, zu uns selber ja zu sagen. Von Gott geliebt sein, vor ihm sein zu dürfen, das läßt uns leichter atmen. – Wir müssen wahrscheinlich immer wieder solche Erfahrungen machen, damit die dafür aufgewendete Zeit uns sinnvoll erscheint, wir aber auch bereit sind, sie vor Angriffen von außen zu schützen. Was einem wertvoll geworden ist, verteidigt man gern.

3. Wo deine Zeit ist, da ist dein Herz

Solche positiven Erfahrungen, in denen uns der Geschmack für Gott erschlossen wird, haben etwas Befreiendes und Verpflichtendes an sich. Sie müssen lebendig gehalten werden, dürfen nicht durch Alltagssorgen überdeckt oder durch oberflächliche Bedürfnisse überholt werden. Ein Zeichen der Treue zu diesen Erfahrungen liegt darin, daß wir uns immer wieder Zeit dafür nehmen.

Woran mir liegt, was für mich wertvoll ist, dafür finde ich auch immer wieder Zeit. Das ist offensichtlich. Bin ich von einem Buch gepackt, dann lasse ich keinen Augenblick verstreichen, ohne in der Lektüre voranzukommen; ich nehme es mit, wohin immer ich gehe, selbst in den Zug, und wäre es nur für drei Stationen. Was mich innerlich einmal berührt hat, dafür bin ich bereit, Zeit einzuplanen, sie mir zu nehmen oder auch, wie wir des öfteren sagen, zu „stehlen". – Ein Zusammenhang, der sich übrigens leicht an einem Gegenbeispiel deutlich machen läßt: Jemandem zu sagen „Ich mag dich" oder gar „Du bist für mich alles", ihm aber gleichzeitig zu verstehen zu geben, daß man keine Zeit für ihn habe, das ist ein offensichtlicher Widerspruch. Es zeugt von einem Riß zwischen dem gesprochenen Wort und dem Verhalten. – Das Geschenk von Zeit bleibt ein einsichtiger Maßstab dafür, wie ernst eine Liebe gemeint ist und wie tief sie geht. Wo deine Zeit ist, da ist auch dein Herz.

4. Bete, und du wirst viel Zeit haben

Was wird mit dem Gebet gewonnen? Die Frage zwingt uns, kurz über die zwei wichtigsten Weisen nachzudenken, wie wir Zeit erleben. Zeit ist ja nicht einfach Zeit. Da ist zuerst die Zeit der tickenden Uhren, die unsere Termine bestimmt; präzise Meßinstrumente, die ankündigen, wann der Zug fährt und das Gespräch zu Ende ist. Beim dritten Ton ist es genau 12.30 Uhr. Oder: Mein Bruder ist genau 62 Jahre, 7 Monate und 2 Tage alt. Es ist die Zeit, die einen Vorgang oder eine Arbeit begrenzt.
Was hat nun Gebet mit dieser ersten Art von Zeit zu tun? Auch das Beten braucht seine Zeit, damit es gelernt werden kann, sich entfaltet und wächst. Schicken wir uns an, beten zu lernen, dann sind wir gut beraten, eine bestimmte Zeit festzumachen. Anfang und Ende sollten klar sein. Eine äußere Festlegung hilft, daß unser Beten Form gewinnt, daß es nicht abhängig bleibt von jeweiligen Launen und Stimmungen. Beten wir nur, wenn die Not treibt und uns gerade danach ist, werden wir darin ewige Stümper bleiben. Disziplin ist unabdingbar. Ob wir beten oder wie lange wir es tun, soll und darf nicht einfach vom jeweiligen Bedürfnis abhängen. Beten, soll es ein prägender Faktor

für unser Leben werden, braucht strukturierte Zeit, Gewohnheit und stete Übung.
Andererseits kann das, was im Gebet vor sich geht, nicht einfach Terminen unterworfen werden. Die Öffnung unserer Existenz, das Sich-Bereiten zum Hören, ist ein Geschehen, das mit dem kontrollierenden Blick auf die Uhr nur schlecht gelingen will. Zwar können wir, wie gesagt, Anfang und Ende festlegen. Das ist förderlich und gut. Besonders, um die eigenen Launen und Nachlässigkeiten ein wenig im Zaum zu halten. – Im Blick auf das jedoch, was sich im Gebet ereignet, bleibt wahr: Wir können nicht eigentlich „termingerecht" oder „schnell" beten, sind unfähig, sozusagen auf äußeren Druck hin ein Pensum von Gedanken vor Gott zu bewältigen. Versuchen wir es dennoch, mißlingt es meistens. Beten folgt nicht dem Rhythmus unserer Uhren. Und was sich in ihm ereignet oder dabei herauskommt, ist nicht zu verrechnen mit der dafür eingesetzten Zeit. Wir können stundenlang vor Gott dasein, ohne daß wir dabei sehr getröstet werden, können vom Eindruck geplagt werden, vor Gott kostbare Zeit zu verlieren, ohne daß etwas Besonderes geschieht. Andererseits kann es ein nachlässiger Moment der Zerstreuung sein, in dem uns der gute Gedanke, um den wir beten, endlich einfällt. Was Gott an uns tut und wie er uns Antwort gibt, läßt sich nicht nach der Zeit messen.
Wie sehr wir also in unserem Beten nicht einfach dem Stundenschlag oder dem Timer unserer Uhren folgen, so sehr eröffnet uns das Gebet einen neuen Zugang dazu. Es gibt unseren Zeitrechnungen eine neue Qualität, vermehrt sie in gewissem Sinne.
Bete, und du wirst mehr Zeit haben! Eine solche Behauptung mag quer zu unserem spontanen Empfinden liegen. Sie widerspricht unserer gewohnten Logik, scheint kaum verbindbar zu sein mit den plausiblen und bewährten Überlegungen, mit denen wir die Nutzung unserer Zeit planen. Denn meistens denken wir das Gegenteil: Ist die Zeit für

die vielfältigen Aufgaben knapp, sind die Termine ohnehin schon eng gesetzt, dann sollen sie nicht noch vermehrt werden. Weitere Unternehmungen würden uns in nur noch größere zeitliche Bedrängnis führen. Das allgemeine Streßgefühl soll nicht noch durch Gebetstermine verstärkt werden. So denken wir.
Vielleicht aber erliegen wir mit unserer spontanen Logik doch einem Trugschluß. Von welcher Zeit, die hier gewonnen oder verloren wird, ist denn die Rede? Gewiß, das sei zugegeben, die Zeit, die ich mir für das Gebet nehme, fehlt mir etwa bei der Vorbereitung eines wichtigen Vorhabens oder bei der Erledigung der Korrespondenz. Und dennoch ist nicht zu leugnen, daß ich einen schwierigen Brief an meinen Freund anders schreibe, wenn ich aus innerer Sammlung und einem erneuerten Gottvertrauen daran gehe. Die Worte fließen mir leichter aus der Feder, und ich weiß oft schneller, welches die richtigen und passenden Ausdrücke sind.
Ganz allgemein gesagt: Sind wir innerlich gesammelt und vertrauend, dann sind die Zugänge zu den täglichen Pflichten und Aufgaben offener und leichter. Arbeiten, die aus innerer Sammlung heraus geplant und getan werden, gelingen meist besser als solche, die wir in Hektik und in einem nervösen Wirbel erledigen. Deshalb bleibt es ratsam, hin und wieder von dem, was so unmittelbar bevorsteht und uns bedrängt, einen Schritt zurückzutreten, Distanz zu schaffen, zu beten, um die Optik Gottes zu gewinnen.

Ich stelle die Schuhe zur Seite
– meinen Ehrgeiz,
nehme die Uhr vom Arm
– meinen Terminkalender,
setze die Brille ab
– meine Ansichten,
lege die Feder auf den Schreibtisch

– meine Arbeit,
lege die Schlüssel nieder
– meine Sicherheit,
um mit Dir,
Du einzig wahrer Gott,
allein zu sein.
Wenn ich bei Dir gewesen bin,
hole ich meine Schuhe,
um auf Deinen Wegen zu gehen;
lege ich die Uhr an den Arm,
um sie in Deine Zeit zu legen;
setze ich die Brille auf,
um Deine Welt zu sehen;
stecke ich die Feder in die Tasche,
um Deine Gedanken niederzuschreiben;
nehme ich die Schlüssel zur Hand,
um Deine Türen aufzuschließen.

5. Damit das Herz nicht verkümmert

Noch etwas ist zu bedenken. Haben wir keine oder stets zu wenig Zeit für das Gebet, dann besteht nicht bloß große Gefahr, daß wir oberflächlich und platt werden, daß wir die innere Mitte und Ordnung verlieren, sondern auch daß das eigene Herz verkümmert und hart wird. Das Gute in uns kann zerfallen. Der Mangel an geistlichen Pausen greift auch an den moralischen Kern einer Person. Wo ausschließlich und vornehmlich Arbeit und Termine unsere Zeit bestimmen, wo Programme ohne Unterbrechung durchgezogen werden, da wird der Druck auf die menschliche Seele zu groß. Es kann ihr alles zuviel und mit der Zeit auch sinnlos werden. Sie empfindet Mühe beim Atmen, kann deshalb auch nicht gut und freundlich sein. Nicht zu sich und nicht zu den anderen. Sie verschließt sich, wird gleichgültig und unaufmerksam. – Wir sehen es bei uns: Bei chronischem Fehlen von Muße und Gebet beginnen wir uns auf uns selbst zu fixieren. Wir nehmen außer den nächsten Terminen kaum noch etwas wahr: nicht die traurigen Augen einer Mitarbeiterin, nicht das Zögern in der Stimme eines Kranken, der uns mitteilen möchte, daß das Wichtigste ja noch gar nicht gesagt ist, nicht den Jungen, der ängstlich ist und abseits steht.

Zu dieser heute viel beschriebenen und beschworenen Streßsituation, die auch, wie gesagt, moralische Folgen hat, paßt ein Wort von Bernhard von Clairvaux. Mag es bei diesem folgenden Text weniger darum gehen, die psychisch bedingte Verkümmerung der Seele zu beschreiben, so trifft das Wort dieses mittelalterlichen Mönches doch ein Streßsyndrom, das heute gerade in kirchlichen Kreisen nicht wenig verbreitet ist. Was ein Herz hart werden läßt, ist ja nicht nur ein Übermaß an weltlichen Beschäftigungen, sondern auch eine Selbstüberforderung im Guten und ein Aktivismus in der Nächstenliebe. Zwar ist es der Liebe eigen, daß sie sich verschwendet, irgendwie maßlos ist, nicht rechnet; dennoch kann diese Selbsthingabe auch schädlich werden, wenn sie sich ohne Klugheit und ohne rechtes Maß weggibt. Deshalb sind die Erwägungen, die der hl. Bernhard an seinen ehemaligen Novizen, der unterdessen Papst geworden war, schreibt, für alle Menschen bedenkenswert, die ihre soziale Motivation aus dem Evangelium ziehen:

„Wo soll ich anfangen? Am besten bei Deinen zahlreichen Beschäftigungen, denn ihretwegen habe ich am meisten Mitleid mit Dir. Ich fürchte, daß Du, eingekeilt in Deine zahlreichen Beschäftigungen, keinen Ausweg mehr siehst und deshalb Deine Stirn verhärtest; daß Du Dich nach und nach des Gespürs für einen durchaus richtigen und heilsamen Schmerz entledigst. Es ist viel klüger, Du entziehst Dich von Zeit zu Zeit Deinen Beschäftigungen, als daß sie Dich ziehen und Dich nach und nach an einen Punkt führen, an dem Du nicht landen willst. Du fragst, an welchem Punkte? An dem Punkt, wo das Herz hart wird. Frage

nicht weiter, was damit gemeint sei; wenn Du jetzt nicht erschrickst, ist Dein Herz schon so weit.
Das harte Herz ist allein; es ist sich selbst nicht zuwider, weil es sich selbst nicht spürt. Was fragst Du mich? Keiner mit hartem Herzen hat jemals das Heil erlangt, es sei denn, Gott habe sich seiner erbarmt und ihm, wie der Prophet sagt, sein Herz aus Stein weggenommen und ihm ein Herz aus Fleisch gegeben (Ez 36,26).
Wenn Du Dein ganzes Leben und Erleben völlig ins Tätigsein verlegst und keinen Raum mehr für die Besinnung vorsiehst, soll ich Dich da loben? Darin lob' ich Dich nicht. Ich glaube, niemand wird Dich loben, der das Wort Salomons kennt: ‚Wer seine Tätigkeit einschränkt, erlangt Weisheit' (Sir 38,25). Und bestimmt ist es der Tätigkeit selbst nicht förderlich, wenn ihr nicht die Besinnung vorausgeht.
Wenn Du ganz und gar für alle dasein willst nach dem Beispiel dessen, der allen alles geworden ist (1 Kor 9,22), lobe ich Deine Menschlichkeit – aber nur wenn sie voll und echt ist. Wie kannst Du aber voll und echt Mensch sein, wenn Du Dich selbst verloren hast? Auch Du bist ein Mensch. Damit Deine Menschlichkeit allumfassend und vollkommen sein kann, mußt Du also nicht nur für alle andern, sondern auch für Dich selbst ein aufmerksames Herz haben. Denn was würde es Dir sonst nützen, wenn Du – nach dem Wort des Herrn (Mt 16,26) – alle gewinnen, aber als einzigen Dich selbst verlieren würdest? Wenn also alle Menschen ein Recht auf Dich haben, dann sei auch Du selbst Mensch, der ein Recht auf sich selbst hat. Warum solltest einzig Du selbst nichts von Dir haben? Wie lange bist Du noch ein Geist, der auszieht und nie wieder heimkehrt (Ps 78,39)? Wie lange noch schenkst Du allen andern Deine Aufmerksamkeit, nur nicht Dir selbst!
Ja, wer mit sich selbst schlecht umgeht, wem kann der gut sein? Denk also daran: Gönne Dich Dir selbst. Ich sage nicht: tu das immer, ich sage nicht: tu das oft, aber ich

sage: tu es immer wieder einmal. Sei wie für alle andern auch für Dich selbst da, oder jedenfalls sei es nach allen andern."[2]

Was mag das Anliegen dieses Textes sein? – Obwohl die Worte des hl. Bernhard an einen Papst gerichtet sind, geht es nicht eigentlich um ein Papstbild. Vielmehr um die Praxis einer Lebensführung. Es wird darauf hingewiesen, was gegeben sein muß, damit etwas von der Freiheit der Kinder Gottes in einem konkreten Leben greifbar wird, damit die Erlöstheit der Existenz in den vielen Beschäftigungen und Abhängigkeiten durchscheint. „Allen alles werden", das ist eine schöne, auch biblische Devise. Führt sie in der Anwendung jedoch dazu, sich selbst, die Gesundheit und das Gebet zu vernachlässigen, ist sie wohl falsch verstanden. Wo der Einsatz für andere zu chronischer Müdigkeit und zu innerer Unfreiheit führt, wird er eher zu einem Gegenzeugnis für das Evangelium. Es gibt eine Art „kontraproduktiver Selbstlosigkeit" (Medard Kehl), in der Menschen sich verbrennen, darin jedoch unfähig werden, auf gegebene Situationen adäquat zu reagieren. Sie verzehren sich, aber strahlen nichts mehr aus. –

Zusammenfassend gesagt: Es liegt an uns, in den oft dicht besetzten Programmen Zeiten freizulegen für kreative Pausen, für die Meditation und eben auch für Gott. Dies, damit wir auf den Geschmack kommen können, wie wir im Gebet neu geschaffen werden und in unsere Mitte finden. „Geh, ruh Dich aus – in Gott!" (Madeleine Delbrêl).

Beten beginnt bei mir

Alles Lernen ist am Anfang schwierig. Wie ins Gebet hineinfinden, wie es anstellen? Mit welcher Technik, welcher Methode? – Es gemeinsam zu erlernen hat gewiß seine Vorteile. Wer kennt diese nicht! Sind wir mit unserem Lernversuch in einer Gruppe, die das gleiche Ziel verfolgt, fällt es unter Umständen leichter. Eine Gruppe hat immer den Vorteil, daß sie anspornt, daß sie uns hilft, bei der Sache zu bleiben. Eine gemeinschaftliche Liturgie etwa gibt immer eine gewisse Sicherheit. Wir sind dann einfach dabei, lassen uns mitziehen, anstecken, hängen uns hier oder dort an ein Wort oder an einen Eindruck. Aber so allein, auf sich gestellt, mit relativ wenig Erfahrungen, mit etwas Neugierde und viel gutem Willen, das ist schwierig. Wie vorangehen?

1. Vom Nullpunkt aus

Das Gebet beginnt bei mir. Es ist nicht unwichtig, diese einfache Wahrheit zu bedenken. Vor allem deshalb, damit wir nicht unter den Druck von falschen Idealen geraten, wir es uns mit dem Beten nicht schwerer machen, als es in der Tat ist. Wir brauchen, um ein Gebet zu beginnen, nicht von da wegzugehen, wo wir uns gerade aufhalten. „Du mußt nicht über die Meere reisen, mußt keine Wolken durchstoßen und mußt nicht die Alpen überqueren; der Weg, der dir gezeigt wird, ist nicht weit. Du mußt deinem Gott nur bis zu dir selbst entgegengehen. Denn das Wort ist dir nahe; in deinem Mund und in deinem Herzen“[3], sagt der hl. Bernhard.

Der erste Schritt zum Gebet ist ein Schritt zu mir selber. Ich soll vorerst einfach mich selber wahrnehmen, darf mich all dem stellen, was in mir vorgeht und was zu mir gehört: meinen jetzigen Einsichten, die mich leiten, den Gefühlen und Antrieben, die in mir lebendig sind. Ich brauche mich, um richtig zu beginnen, nicht besonders zurechtzumachen, brauche keine fromme Stimmung zu konstruieren.

All unser Erleben darf dasein: gerade so, wie es sich zeigt, wirr und durcheinander, in seiner Oberflächlichkeit und Banalität, aber auch in seiner Tiefe und seinen Verletzungen, in den Zerstreuungen, welche die Sammlung verhindern, den ungeordneten und dunklen Antrieben, den Masken, die wir tragen, den Rollen, die wir spielen. Alle diese Verfälschungen unseres Daseins dürfen dasein. Selbst noch die Widerstände, die Unlustgefühle, die uns beim Gedanken, beten zu sollen, überfallen; auch sie sind Bestandteile des Betens, gehören hinein in die Bewegung zu Gott. All das hat ein Recht dazusein, mehr noch, es muß sogar mitgenommen werden, wenn wir uns zum Gebet aufmachen. Nur wo das Gebet wirklich bei uns beginnt, bei all diesen seelischen Realitäten, wird es auch ein Gebet in Tat und Wahrheit.

„Viele brechen nur scheinbar auf. Sie tragen nur ein Gespenst ihrer selbst mit sich fort, eine abstrakte Puppe. Sich selber bringen sie vor dem Aufbruch in Sicherheit. Sie bilden sich eine künstliche Persönlichkeit, eine ausgeliehene, nach Büchern zurechtgemachte, und diesen Roboter, diesen Schatten ihrer Selbst schicken sie auf die Suche nach Gott. Nie treten sie mit ihrem ganzen Wesen in die Erfahrung ein … Beim Auszug muß man seinen ganzen Besitz auf seinen Esel packen, mit allem emigrieren, was man ist, mit seinen Knochen, seinem Geist, seiner Seele, alles muß mit, das Erhabene und das Erbärmliche, die Sündenvergangenheit, die großen Hoffnungen, die gemeinsten und heftigsten Triebe … Alles, alles, denn alles muß durch das Feuer hindurch. Alles muß schließlich integriert werden, damit ein Mensch herauskommt, der mit Leib und Seele in die Erkenntnis Gottes eingehen kann. Gott will ein leib-

haftiges Wesen vor sich sehen, das weinen kann, schreien unter den Wirkungen seiner läuternden Gnade; er will ein Wesen, das um den Wert menschlicher Liebe weiß und die Anziehung des andern Geschlechts kennt. Er will ein Wesen, das den heftigsten Wunsch verspürt, ihm zu widerstehen, warum nicht? ... Gott will ein menschliches Wesen vor sich sehen, sonst hätte seine Gnade nichts zu verwandeln; das wirkliche Wesen wäre entwischt. Hier aber pflegt das Unglück zu geschehen: zu viele unter denen, die sich Gott geben, haben seinem Wirken nur eine ausgeliehene Persönlichkeit ausgesetzt... Kein Wunder, wenn sie eines Tages entdecken, daß sie für etwas anderes gemacht sind."[4]
Die Anfänge des Betens lassen uns auf den Boden unserer realen Existenz geraten. Hier, auf diesem Grund alltäglicher Selbsterfahrung, muß das Beten beginnen, damit es ehrlich bleibt, nicht zu einem frommen (oder auch liturgischen) Überbau verkommt.

2. Die Sehnsucht nach der Sehnsucht

Beten beginnt bei mir. – Was aber steht am Anfang? Technische oder methodische Probleme? Ob es sinnvoll sei, ob man heute noch beten könne? Gewiß wichtige Fragen! Entscheidender scheint mir die Überlegung, wie der Wunsch nach dem Gebet entsteht. Wie kommt es überhaupt dazu, beten lernen zu wollen?
Der volkstümliche Satz, wonach Not uns das Beten lehre, hat einen tiefen Wahrheitskern. Tatsächlich ist es so, daß wir oft erst durch die Berührung mit großer Not wieder zum Gebet finden. Vieles, was selbstverständlich und tragend ist, muß möglicherweise bis in die Fundamente hinein erschüttert werden, damit wir wach werden, damit ein Hunger, eine Sehnsucht nach Beten entsteht. Das Leiden am Tatsächlichen muß uns hinaustreiben aus aller Selbst- und Gottvergessenheit, damit wir diese Spur finden, die zu

größerem Frieden, zu einem stimmigeren Modell des Lebens führt. Karl Rahner drückt diesen Wunsch nach einem lebendigeren Leben in einem ausdrücklichen, fast ein wenig dramatischen Gebet aus: „Erbarme dich meines armen Herzens, du Gott der Großmut, der Liebe, der seligen Verschwendung; gib diesem armen, dürren Herzen deinen Heiligen Geist, auf daß er es umwandle. Dein Geist brenne hinein in mein totes Herz mit der Angst vor deinen Gerichten: wenn es nur wach wird! Möge er es erfüllen mit Furcht und Zittern: wenn es nur die Totenstarre der Hoffnungslosen und Resignierten abschüttelt! Er mache es demütig und zerknirscht: Wenn er es nur erfüllt mit der Sehnsucht nach deiner Heiligkeit und dem Vertrauen auf die Macht deiner Gnade!“[5]

Viel wäre es schon, wenn solche Gefühle der Zerknirschung und der Sehnsucht in uns spürbar würden, wenn uns ähnliche Worte auf die Zunge kämen, wie sie der Psalmist verwendet: „Wie der Hirsch nach frischem Wasser, so lechzt meine Seele, Gott, nach dir“ (Ps 42,1). Aber sehr oft ist das, was wir in uns wahrnehmen, weit davon entfernt, ist nicht viel mehr als eine vage Ahnung von etwas ganz anderem, eine verschwindend leise Sehnsucht, die sich mehr durch eine allgemeine Unzufriedenheit erklärt als durch echte und wahre Suche nach Gott.

Was kann weiterführen? – Es gibt eine Überlegung bei Ignatius, die für solche Zustände seelischer Antriebslosigkeit hilfreich sein kann. Wo jeglicher Elan auf Gott hin fehle, da solle man sich um die „Sehnsucht nach der Sehnsucht“ bemühen; man schaue bei sich selber nach, ob es, im Ganzen unserer Motivationen und Gedanken, Ansätze gibt, Reste von Verlangen, die in uns eine Sehnsucht nach Gott entzünden können.[6] – Ignatius rechnet damit, daß es möglich ist, mit dem Willen gefühlsmäßige Regungen wachzurufen, sie in einem gewissen Sinn zu leiten und lebendig zu halten; daß wir, durch inneres Lenken unserer Aufmerksamkeit, durch schöpferische Imagination, einen Einfluß gewinnen auf unsere seelische Gestimmtheit. So gesehen sind wir der inneren Leere, dem Mangel an geistlicher Vitalität nicht einfach ohnmächtig ausgeliefert. In einem gewissen Sinne ist also auch die Sehnsucht nach Gott, genauer genommen ihre Lebendigkeit, in unsere Hand gelegt. – Zudem ist Ignatius überzeugt, daß man damit der Seele nicht etwas ihr Fremdes zumutet. Daß der Mensch sich nach Gott sehnt, auf ihn hin geschaffen ist, gehört wesentlich zu ihm. Die Sehnsucht ist nur verschüttet, muß wachgerufen und freigelegt werden.

3. Im Vorhof des Tempels

Wie aber das träge Herz zum Beten bringen? Wie die „Sehnsucht nach der Sehnsucht" wecken? Wie soll es geschehen, daß der Wunsch, mit Gott in Kontakt zu kommen, in uns stärker und drängender wird?

Bei C. S. Lewis findet sich ein Gedankenspiel, das zwar an der Nächstenliebe erprobt wird, aber auch für den Wunsch nach Gebet angewendet werden kann. Vorgeschlagen ist es als Mittel, um über Gefühle der Abneigung, die wir gegen unsympathische Menschen empfinden, hinwegzukommen. Es ist der Versuch mit dem „Als-ob". Wenn wir beginnen, uns gegenüber einem unfreundlichen Nachbarn so zu verhalten, als hätten wir ihn gerne, werden wir langsam anfangen, ihn auch mehr zu mögen. Es ist eine Art von Selbstüberlistung zum Guten. „Es gibt… eine freundliche Art, bei der die Heuchelei zum Guten führen kann. Wenn wir zum Beispiel für einen Menschen nicht gerade freundschaftliche Gefühle hegen und wissen, daß wir trotzdem nett zu ihm sein sollten, dann ist es oft das Beste, wir nehmen uns zusammen und sind freundlich und geben uns liebenswürdiger als wir sind."[7]

Was hier, am Beispiel der Nächstenliebe, sichtbar wird, gilt auch für den Beginn des Betens. Wo wir anfangen so zu leben, als ob es Gott gäbe, ist er für uns schon weniger gleichgültig. Mit der gedachten Annahme seiner Existenz ist er uns schon ein Stück näher gekommen. Ein Wunsch ist geweckt. Noch werden keine Gebete gesprochen, noch sind keine Gefühle für Gott vorhanden, aber ein Anfang ist gesetzt; zwar nicht als eine Tatsache eines realen Gebets, aber doch als eine Bereitschaft des Herzens. Die Seele ist offen, ja geneigt, mit Gott zu tun zu bekommen, sich von ihm ansprechen und anrühren zu lassen. – Es ist wie beim Setzen der Segel. Das Schiff, das zur Ausfahrt bereitet wird, fährt noch nicht; aber die leiseste Berührung durch eine Brise wird genügen, um das Boot, das sozusagen in Wartestellung ist, in Bewegung zu bringen.

Was ist von all diesen Bereitstellungen der Seele zu halten? Kann man hier schon von Gebet reden? Oder handelt es sich einfach um Übungen im Vorfeld, um psychologische Vorbereitungen, die zwar nützlich, ja notwendig sind, aber ohne spirituellen Gehalt bleiben?

Es ist tröstlich und ermutigend zu erfahren, daß wir auch da, wo uns noch keine ausdrücklichen Gebete gelingen, dennoch im Raume, im Tempelbezirk des Gebets sind. Sozusagen in seinen Vorhallen. Aber wie diese wesentlich zum Bereich des ganzen Tempels gehören, so stehen auch wir da im Raume Gottes, wo unsere Gebete noch keine klaren Umrisse haben, uns kein großer Elan zu Gott drängt. „Ein einziger Tag in den Vorhöfen deines Heiligtums ist besser als tausend andere“ (Ps 84,11).

Aus welcher Ferne auch immer wir nach Gott Ausschau halten, wir sind, sofern wir dies tun, in seinem Raum. Unsere Sehnsüchte mögen recht vage sein, die Gesten, mit denen wir das Unendliche suchen, unbeholfen; sie sind doch schon Gebete im eigentlichen Sinn. Wer beten möchte, der betet, und wer die Sehnsucht hat, Gott zu vertrauen, der vertraut schon; keimhaft sozusagen.[8]

4. Finden, was ich will

Beten beginnt bei mir! – Hier, in meiner täglichen Erfahrung, hat es seinen Ausgangspunkt. Von hier aus zielt es auf Gott hin, auf seine Liebe, in der das Geheimnis meines Lebens gesucht wird. – Gottes lebendiger Wille, seine Absichten und das, was er mit meinem Leben vorhat, schwebt nicht über meinem Kopf, ist nicht irgendwo – außerhalb meiner Existenz – in abstrakten Buchstaben aufgezeichnet. Nein, es steht in meinem Herzen, eröffnet sich in den Fügungen meines Lebens. Hier also muß das, was Gottes Wille ist, gesucht und gefunden werden. In den Regungen des Herzens, durch die der Heilige Geist spricht, in meiner tieferen Sehnsucht, die immer wieder durchbricht, in der Gott bei mir anklopft. Deshalb kann die heilige Theresia so frank und frei behaupten: „Wer nicht weiß, was er will, kann auch nicht wissen, was Gott will." Und wenn Ignatius den Beter unumwunden anleitet, um das zu bitten, was er wolle, dann rechnet er damit, daß Beten auf nichts anderes hinausläuft als auf die Offenbarung dieses tieferen Wollens[9]. Wer sich darauf einläßt, gerät sozusagen mit innerer Notwendigkeit auf die Fundamente seiner Existenz, auf das nämlich, was er möchte, daß aus seinem Leben werde. Er stößt auf jene vitalen Zentren, wo die tiefsten Interessen schwingen, wo es um Sein oder Nichtsein geht. – Wie aber zu diesem Kern unseres Wollens hinfinden? Die Schwierigkeiten, die uns auf diesem Weg begegnen, sind zu bekannt. Es gibt eigenartige, ja befremdende Landschaften der Seele, die zu durchwandern sind; auch Hindernisse, die uns den Weg versperren. Nietzsche meint gar, wir müßten an sieben Teufeln vorbei, bevor wir unsere Mitte erreichen könnten. In der Tat: Wieviel Verqueres und Widersprüchliches, aber auch wieviel Feindliches sich da vorfindet! Welchem Auf und Ab von Wünschen und Begierden sind wir doch ausgesetzt. Bald wollen wir das, bald jenes, bald stimmt der Verstand einem Plan zu, bald

das Herz. Nur selten geschieht es, daß beide in Harmonie sind. Wofür unser Herz gerade brennt, davon rät der Verstand energisch ab. Oder auch umgekehrt. Jedenfalls haben wir es in unserer Mitte oft mit einem wenig geordneten Zentrum zu tun. – Dies hat einen meiner Mitbrüder zu dem humorigen Ausspruch verleitet, das gelungenste Geschöpf Gottes, in dem die größtmögliche Einheit von Verstand und Herz herrsche, sei nicht der Mensch, die viel gepriesene „Krone der Schöpfung", sondern der Kopfsalat; er allein hat das Herz dort, wo der Kopf ist, und umgekehrt (frei nach Albert Ziegler).
Was heißt nun Beten, gerade im Blick auf die angestrebte und gesuchte Einheit unseres Wollens? – Auch hier gilt, was schon gesagt wurde: Beten beginnt bei uns! Sei es bei der Unordnung, die in unserem Streben gerade herrscht, sei es in der Unwissenheit und Unsicherheit darüber, was wir wollen und wonach wir streben. Oder auch schlicht bei einem aktuellen Begehren, das gerade da ist und Leib und Seele erfüllt. Solche vorherrschenden Wünsche, die einen stark bewegen, sind gewöhnlich die unmittelbaren Ansätze, mit denen das Beten anfängt und auch anfangen darf. Diese Wünsche müssen nicht zuerst gereinigt oder harmonisiert werden, um vor Gott ausgesprochen werden zu dürfen. Sie finden ihre Form, ihre Läuterung sozusagen von selbst. Im Vollzug des Betens. Deshalb dürfen wir sie vor Gott so kundtun, wie wir sie empfinden, mit ihrer unfrisierten Natürlichkeit, vielleicht auch in ihrer Selbstsucht. – Abgesehen davon, daß es auch gekünstelt und unehrlich wäre, Gott mit vorgetäuschtem Eifer um A zu bitten, während faktisch das ganze Verlangen nach B geht.

5. Mitten in Zerstreuungen

Beten darf und soll bei uns selber beginnen! Wir müssen uns nicht überspringen, brauchen unsere Gefühle nicht künstlich zurechtzumachen. Wir können da anfangen, wo wir gerade stehen. – Doch jetzt zur aufgeschobenen Frage: Wie kann darin Sammlung entstehen? Was geschieht mit dem Vielerlei an Strebungen, mit all den vielen Gedanken und Ablenkungen?

Nicht wenige Menschen neigen dazu, angesichts der Machtlosigkeit gegenüber bedrängenden Zerstreuungen überhaupt auf das Beten zu verzichten. Es sei doch besser und ehrlicher zuzugeben, daß man meist im Wirrwarr der eigenen Gedanken und Gefühle steckenbleibe und über sich selbst nicht hinauskäme; auch bei bestem Willen und größten Anstrengungen. Besser kein Gebet als ein so unandächtiges.

Die Schlußfolgerung mag verständlich sein; dennoch ist sie kurzschlüssig und auch falsch. Welcher Begriff von Beten wird hier vorausgesetzt? Wann können wir behaupten, wir würden wirklich beten, wann nicht? Was ist Ideal, was Wirklichkeit? Zum einen: Zerstreuungen sind vorerst kein grundsätzlicher Einwand gegen das Beten; sie deuten auf Hindernisse hin, machen es aber deswegen nicht sinnlos. Gerade im Blick darauf, daß Gebete in unserer Erfahrung verwurzelt sein sollen, ist auf die Rolle der Zerstreuungen zu achten. Sie signalisieren Orte und Winkel, in denen unsere Gedanken und Gefühle zu Hause sind, zeigen die Richtung an, wohin unser Streben uns lenkt. Sie offenbaren Tendenzen und Träume, die wir gewöhnlich übergehen oder aus dem Bewußtsein ausklammern, die aber auch für unser geistliches Leben nicht unwichtig sind.

Zum andern: Es geht nicht darum, Zerstreuungen und störende Gedanken um jeden Preis zu verjagen. Dies wäre nur Verdrängung oder würde zu Unehrlichkeit führen. In unserem Bemühen um Sammlung hilft weniger der frontale Angriff als die Strategie der Ablenkung. Je direkter wir die zerstreuenden Gedanken abwehren, um so hartnäckiger werden sie sich halten wollen. „Denn der Druck von Dingen, die wir unserem Geiste fernzuhalten suchen, ist eine unheilbare Zerstreuung." Wie jemand bemerkt hat: „Kein Lärm ist aufdringlicher als der, den man zu überhören sucht."[10] – Vielleicht läßt sich ein Bild von Martin Luther, das er für die Depressionen brauchte, auf den Umgang mit Zerstreuungen gut anwenden: Schlimm sei nicht, wenn Zerstreuungen wie unerbetene Vögel Kopf und Herz durchziehen und unsere frommen Absichten stören. Alarmierend werde es erst dort, wo diese Zugvögel anfingen, in unserem Kopf ihre Nester zu bauen.

Die fliegenden Störgeister durchziehen lassen! Auf welche Weise könnte dies konkret geschehen? Alles, was Anlaß der Zerstreuung ist, kann auch Gegenstand des Gebets werden. Es kann umgewandelt und umgeformt werden. Das verklungene Fest etwa, Gäste und Gespräche, die in meinem Abendgebet auftauchen, sind es durchaus wert, daß ich für sie und die Begegnungen Gott danke. Es gibt im Grunde nichts, was nicht in der Obhut und der Sorge Gottes stünde und mit ihm nichts zu tun hätte. Deshalb gibt es auch nichts, was im Gebet keinen Platz finden könnte. Auch der entfernteste und unpassendste Gedanke, der mir mitten im Gebet kommt und mich stört, sagt etwas aus über mich, über meine Geschöpflichkeit, meine Selbstentfremdung, meine Angewiesenheit auf Gott. Sind es beschämende Gedanken, die mich belästigen; warum sie nicht als Anlaß nehmen, um tiefer um die Reinheit des Herzens zu beten? Meine ich, das Bild einer schönen Landschaft würde mich vom Eigentlichen wegziehen; warum nicht Gott für sein Werk danken und ihn loben? Ist es der Ärger über einen Zwischenfall am Arbeitsplatz, der mir innerlich aufstößt und mich hindert, mich zu sammeln, dann muß ich wohl Geduld haben, um dieses Gefühl zu ertragen und auszuhalten. Vielleicht aber gelingt es mir mit der Zeit, diese Situation selbst zum Inhalt des Betens zu machen?

Die Frage nach den Zerstreuungen führt uns zu grundsätzlichen Überlegungen, was denn die Werthaftigkeit des Gebets ausmacht. Beten als Versuch, unser Leben vor Gott zu bringen und auf seinen Willen zu hören, hängt in seiner Qualität nicht zuerst davon ab, wie konzentriert und gesammelt wir dabei sein können, inwiefern es uns gelingt, im Beten ohne Ablenkung, sozusagen in staubfreier Transzendenz, auf Gott ausgerichtet zu bleiben. Von Zerstreuungen nicht oder nur wenig geplagt zu sein, das sagt etwas über das psychologische Gelingen des Betens aus, aber noch nichts über seinen spirituellen Wert, über das, was dieses Beten auch vor Gott bedeutet. Für dieses Gefälligwerden vor Gott gelten andere, zusätzliche Maßstäbe: etwa die Zeit, die wir einsetzen und die als Gradmesser dafür gilt, ob wir Gott ernsthaft suchen, dann auch die Bereitschaft, auf Gott wirklich zu hören, uns von ihm etwas sagen zu lassen und das Leben danach auszurichten. „Nicht jeder, der zu mir sagt: ‚Herr! Herr!', wird in das Himmelreich kommen, sondern nur, wer den Willen meines Vaters im Himmel erfüllt" (Mt 7,21).

Zusammenfassend gesagt: Unser Beten lebt in einem Raum, in dem wir sein dürfen. In und mit allen Dimensionen unserer Existenz. Wir dürfen in diesen Raum treten mit unaufgeräumter Seele, mit verstaubten Schuhen. Das Gebet beginnt nicht erst da, wo wir uns zurechtgemacht haben. Im Gegenteil: Es soll, damit es ganzheitlich und menschlich wird, da beginnen, wo wir gerade stehen und womit wir beschäftigt sind.

* * *

Gute Erfahrungen

Für chronisch Zerstreute

Eine junge Frau hat es sich zur Gewohnheit gemacht, sich hin und wieder in eine ihr vertraute Kirche zu setzen. Für längere Zeit, nicht einfach nur zu einem Vaterunser. Was ihr dabei fast regelmäßig widerfährt: Gedanken, Gefühle kommen auf,

ungeordnet und in großem Ausmaß. Alles, was da jetzt lebendig wird, hat eigentlich auf den ersten Blick mit Gott nichts zu tun. Strenggenommen gehört es nicht in die Kirche. Die Frau ist zwar dem Leibe nach in diesem Raum, in ihrem Geist aber weit entfernt, beschäftigt mit der Aufarbeitung des Alltagskrams und allem möglichen. Dies nicht aus bösem Willen und nicht, weil sie nicht beten möchte, sondern aus einer psychologischen Unfähigkeit heraus. Zu viele Dinge beschäftigen sie, zu vieles bedrängt sie – und trotzdem, so sagt sie sicher richtig, ist es sinnvoll, in dieser Kirche vor Gott zu bleiben. Sie ist da, wenigstens dem Leibe nach!
„Halbes" Dasein ist mehr als nichts! Und leibliches Dasein vor Gott ist bereits viel. Und schon oft, so konnte sie erfahren, hat sich das innere Durcheinander unter der Wirkung der Stille und des bloßen Daseins ein wenig geordnet und beruhigt, so daß schließlich auch die Seele ein wenig nachkommen konnte. Auf diese Weise ist ein Gebet nicht nur mit dem Leib, sondern auch mit der Seele möglich geworden.

Für nervöse Gemüter

Wie ein Gebet beginnen? – Lehrreiches dazu gibt es im profanen Bereich. Wer eine Arbeit oder ein Gespräch vor sich hat, stürzt sich nicht einfach Hals über Kopf hinein; er sammelt sich, um den Anforderungen entsprechen zu können. Viele Menschen, nicht nur solche mit einem kontemplativen Temperament, haben die gute Gewohnheit, ein wenig innezuhalten, bevor sie wichtige Briefe öffnen. Ebenso die jüdische Mutter, die einen Augenblick wartet, bevor sie am Freitagabend die Kerze anzündet. Wenn es am 31. Dezember Mitternacht schlagt, legen viele eine kleine Pause ein. Manche tun es auch, wenn sie am Abend ein Kalenderblatt abreißen oder umlegen. Wer in die Oper gehen will, wer sich ein schönes Konzert anhören möchte, kommt nicht im letzten Augenblick. Er reserviert sich genügend Zeit, will innehalten, bringt

sich innerlich in Ordnung und schlägt in einem Konzertführer nach. – Lauter Verhaltensweisen, sozusagen Rituale, die auch für den Einstieg ins Gebet wichtig sind.
Auch für frommes Tun muß man sich vorbereiten, wenn es gelingen soll. So sagt der Abt Isaac: „Rüsten wir uns vor dem Beten, das zu sein, was wir im Gebete zu sein wünschen; die vorhergehende Verfassung der Seele gibt ihr Haltung im Gebet!“ – Oder Peter Faber: „Diejenigen, die erst beim Klang der Glocke beten wollen, werden gewiß keine rechte Andacht haben …“[11]

Für ernsthaft Suchende

Was ist zu tun, damit die Sehnsucht nach Beten wachsen kann? Was ist Menschen zu sagen, die beten möchten, aber einfach nicht hineinfinden? Meist sind sie von großen Fragen umgetrieben, sie diskutieren leidenschaftlich, befassen sich ernsthaft mit einschlägiger Literatur, leiden auch darunter, nicht weiterzukommen. Viel hängt hier davon ab, über die reflektierende Auseinandersetzung hinauszukommen und Räume zu finden, um sich ganzheitlich zu engagieren. Auch Bilder der religiösen Kunst oder Werke geistlicher Musik können solche Räume eröffnen und in eine Haltung des Betens einweisen. Manche Menschen, die ihre Sprache vor Gott verloren haben, aber nicht ihre Sehnsucht, konnten ihre Sprachlosigkeit überwinden, wenn sie auf ganz anderen Wegen bewußt über sich hinausgingen, zum Beispiel im Dienst an Mitmenschen, besonders an einsamen und kranken. Über das Gespräch mit diesen Notleidenden hat schon mancher, wenn auch ganz anders als früher und meist viel einfacher, zur Sprache des Betens zurückgefunden.[12]

Wenn es einmal ganz stille wird

Ein Wort zum Schweigen, zu seiner Verteidigung oder Ehrenrettung! – Gewiß, aber nicht uneingeschränkt. Schweigen, auch das Schweigen im Gebet, ist nicht etwas schlechthin Gutes. Das bekannte Sprichwort: „Reden ist Silber, Schweigen ist Gold“ – ist nicht so selbstverständlich, wie es sich anhört. Wir kennen genügend Arten von Schweigen, die nicht golden sind. Es gibt das hochmütige, das beleidigte, aber auch das resignierte Schweigen. Sie bedrükken und belasten.
Worum geht es? – Zu bedenken, wie Schweigen nötig ist, damit Kommunikation zustande kommt, damit aber auch das Beten gelingt. Oder umgekehrt, wie Gebete zerfallen können, wie sie sich auflösen in Wortemacherei, in Plappern, wenn sie nicht von diesem Goldgrund des Schweigens her entstehen und gesprochen werden.

1. Eine Weile mit sich allein

Was Schweigen in seinem positiven Gehalt meint, läßt sich am besten an seinem Gegenteil deutlich machen, genauer: an den verwirrenden Gefühlen und Eindrücken, die sich dort einstellen, wo wir einem Schwall von Worten und Reden ausgesetzt sind. Sie erzeugen eine innere Unruhe, machen uns unfähig zur Sammlung und zu geordnetem Handeln. Was wir anpacken oder uns vornehmen, will in solchem Umgetriebensein gewöhnlich schlecht oder überhaupt nicht gelingen. Worte, die wir sprechen, kommen verkehrt heraus, dienen oft weder der Sache noch der Person. Oft sind sie unnütz oder gar schädlich.
Hier spiegelt sich jedoch nicht nur ein seelisches Durcheinander wider. Die Unfähigkeit zu schweigen offenbart

auch etwas von einer leidenden und gebrochenen Grundstimmung. Eine Unversöhntheit, ein Mangel an Hoffnung tritt zutage. Der Eindruck ist nicht zu leugnen: Menschen, die ständig, fast zwanghaft reden müssen, verbreiten einen Hauch von Verzweiflung, sind wie Flüchtende, die sich in Worte stürzen, um vor irgend etwas fliehen zu können: vor sich selbst, vor einer inneren Leere, vor bösen Gedanken, unangenehmen Gefühlen. Es ist in der Tat so, wie es bei Thomas von Aquin steht: „Die Unfähigkeit zu schweigen ist eine Tochter der Verzweiflung."

Ein Zeugnis aus dem Beginn der Neuzeit weist in die gleiche Richtung: Blaise Pascal, ein französischer Philosoph, formuliert: „Wenn ich mich zuweilen damit beschäftigt habe, die vielgestaltige Unrast der Menschen zu betrachten, die Gefahren und Mühsale, denen sie sich aussetzen: am Hofe, im Kriege, woraus so viele Streitigkeiten, Leidenschaften, kühne und oft böse Unternehmungen entstehen, habe ich entdeckt, daß das ganze Unheil der Menschen aus einer einzigen Ursache kommt: nicht ruhig in einem Zimmer bleiben zu können."[13] Statt stille zu werden und nachzudenken, stürzen die Menschen sich in eine Flut von Zerstreuungen, ohne sich Rechenschaft zu geben, daß sie sich dabei selbst verlieren.

Es ist offenkundig: Nicht das Alleinsein als solches ist es, das vom Elend erlöst, nicht die Abkapselung in die vier Wände. Sie würde die Verzweiflung nur noch vergrößern. Worin Heilung liegt, ist die Stille, die äußere, noch mehr aber die innere, die Einübung in das Hören. So wie es Kierkegaard, ein genauer Beobachter seiner Zeit, sowohl prophetisch wie therapeutisch anmahnt: „Wenn ich ein Arzt wäre und mich jemand fragte: ‚Was meinst Du wohl, was getan werden sollte?' Ich würde antworten: ‚Das erste, die unbedingte Bedingung dafür, daß überhaupt etwas getan werden kann, das erste, was geschehen muß, ist: Schaff Schweigen, hilf anderen zum Schweigen.'"

Oder, um die Notwendigkeit der Stille in die Zeit der Massenmedien zu übersetzen: Der frühere deutsche Bundeskanzler Schmidt trug sich mit dem Gedanken, der Nation einen fernsehfreien Tag vorzuschlagen. Dies sollte zur seelischen Gesundung der Menschen beitragen und die kulturelle oder auch religiöse Freiheit schützen und fördern. Wäre der Vorschlag nicht an tausend Rücksichten gescheitert, wäre er wohl eine Hilfe gewesen, wachsendes Konsumverhalten zu mäßigen. – Es käme darauf an, „weniger fernzusehen, um dafür mehr nahe-zu-sehen“ (Willi Lambert). Weniger Informationen und Unterhaltung, dafür mehr Selbsterkenntnis und in der Folge auch Gotteserkenntnis. Im Sinne von Reiner Kunzes Gedicht: „Wir haben kein Fernsehen, so daß uns sicherlich manches entgeht. Aber wir haben kein Fernsehen, damit uns nicht entgeht, was uns entgehen würde, wenn wir Fernsehen hätten.“[14]

2. Ordnende Kraft der Stille

Was erleben wir, wenn es uns einmal gelingt, dieser ständigen Geräusch- und Bildkulisse zu entgehen, für eine gewisse Zeit Ruhe und Stille um uns herum zu schaffen? Was wird uns dabei zuteil?
Für den Einzelfall bleibt es schwer vorauszusagen. Es wird wohl Hunderte von Weisen geben, wie Stille erfahren wird. Und doch lassen sie sich vielleicht auf zwei sehr typische Reaktionen zurückführen.
Äußeres Schweigen, vor allem da, wo es sich unerwartet einstellt und einem aufdrängt, kann Störungen und Turbulenzen provozieren. Die Gefühle, die bis dato durch dosierten Lärm ausgeglichen waren, kommen in Aufruhr, die Gedanken geraten durcheinander, sausen im Extremfall kreuz und quer durch den Kopf. Wer hier Ordnung schaffen will, kann sich vorkommen wie ein Dompteur, der Tiere, die sich von der Kette losgerissen haben, einfangen muß.

Oder aber: Äußere Stille bringt uns zu einer inneren wohltuenden Ruhe. Vielleicht wird dies erst nach längerer Zeit möglich, wenn das erste Kribbeln, das sich beim Vakuum an Lärm einstellen kann, vorbei ist oder wenn der Aufruhr der Gefühle verebbt. Dann liegen die Bedingungen vor, die gegeben sein müssen, damit sich inneres Schweigen ausbreiten kann. Die Erlebnisse, die in der Seele lebendig sind, können dann ihre Bedeutung gewinnen. Immer präziser können sie in diesem Medium des Schweigens als das wahrgenommen werden, was sie für uns sind und sein sollen. Als Geschenk, das bis dahin als solches nicht erkennbar war; als eine Fügung, die mit der Zeit ihren Sinn offenbart; als bleibende Herausforderung und offene Frage.
Schweigen, sofern es ein aktives Hören ist, wird auf diese Weise zum geistigen Raum, in dem die Botschaft der Dinge, die uns begegnen, heraustritt und hörbar wird. Es schafft eine innere Atmosphäre, in der Einsichten über unser Leben entstehen und reifen, vor allem aber Wurzeln schlagen können. Wer sich deshalb immer wieder bemüht, zeitliche wie auch räumliche Zonen solchen Schweigens um sich herum zu errichten, wird es erfahren können: Im Hinhören auf die Botschaft der Geschehnisse, im nachdenklichen Erwägen, in der Stille wächst ein Vertrauen, eine innere Sicherheit. Sein Geist wird gestählt, wird fester und gewinnt an Tiefgang. „Das Beste ist die tiefe Stille, in der ich gegen die Welt lebe und wachse und gewinne, was sie mit Feuer und Schwert nicht nehmen können“[15], sagt Goethe ganz entschieden. Oder ähnlich im Alten Testament: „So spricht der Herr, der Heilige Israels. Nur in Umkehr und Ruhe liegt eure Rettung, nur Stille und Vertrauen verleihen euch Kraft“ (Jes 30,15).

3. Schweigen macht angreifbar

Vermag Schweigen, wie gesagt, in der Regel ein gewisses Selbstvertrauen, ja sogar Geborgenheit zu vermitteln, so bleibt doch die weitverbreitete Flucht vor der Stille. Was spielt da mit? Ist sie eine Folge allgemeiner gesellschaftlicher Hektik, von der man sich mitreißen läßt? Oder ist sie Ausdruck einer tiefsitzenden existentiellen Angst, sozusagen eine Maßnahme des Unbewußten, mit der man sich zu schützen sucht? – Es ist zu vermuten, daß unsere laute und ständige Betriebsamkeit oft als Schutzvorrichtung dient, mit der wir alles, was uns in unseren Gewohnheiten stören könnte, fernhalten. Die Angst, man könnte gestört oder gar erschüttert werden, läßt uns Wände errichten; sichtbare und unsichtbare, auch akustische. Die vielen Worte sind wie Steine einer Schutzmauer, die alles, was unsere gut gefestigten Lebensgewohnheiten erschüttern könnte, abwehrt. Überraschungen, vor allem unangenehme, die man fürchtet; in der Konsequenz aber auch positive, die einen auf unerwartete Weise weiterbringen könnten.

Wo wir Stille zulassen und ausdrücklich zu schweigen beginnen, da setzen wir uns aus und machen uns verwundbar. Dadurch wird es möglich, aber auch wahrscheinlich, daß gewichtige Themen des Lebens, um die wir oft einen großen Bogen schlagen, ins Zentrum rücken. Fragen, die wir mehr oder weniger erfolgreich verdrängen, gewinnen Raum; Zweifel, die bis jetzt schüchtern im Verstecke blieben, treten hervor und werden laut. Fragen, die man zwar kennt, aber doch nicht zuvorderst ertragen kann: Was es denn mit dem Ganzen soll? Wohin wir denn gehen in unserem Rennen und Jagen? Ob es da überhaupt ein Ziel gibt? Ob wir denn einen gangbaren Weg unter den Fußen haben, ob wir uns in unserer Lebenswahl auch richtig entschieden haben? Was schließlich der Inhalt dieses Lebens ist? Ob wir etwas gefunden haben, sozusagen eine Perle, wie im Gleichnis, für die wir am Morgen gerne aufstehen

und für die wir am Abend gerne müde sind? – Aber da kommt auch die Frage nach Gott! Ob es ihn gibt? Diesen Gott, dem wir uns anvertrauen können, in dessen Geheimnis der Sinn unseres Lebens liegt?
Wer sich ständig mit Betrieb umgibt, verbaut sich im Grunde die Möglichkeit, Gott zu entdecken. Die permanente Zerstreuung ist und bleibt eine leichte, aber auch wirksame Weise, um an diesem letzten Geheimnis mit Erfolg vorbeizukommen. Sie ist immer das nächstliegende Feld, wohin wir uns in Sicherheit bringen, wenn eine entscheidende Erkenntnis bevorsteht, wenn die Stunde der Gnade ruft. Dazu stellt Ernesto Cardenal fest: „Es fällt dem modernen Menschen schwer, alleine zu sein; auf den Grund seines eigenen Ichs zu steigen ist fast unmöglich für ihn. Sollte er aber doch einmal mit sich selbst im stillen Kämmerlein bleiben und gerade kurz vor der Erkenntnis Gottes stehen, dann macht er das Radio oder das Fernsehen an."

4. Ein Wort für hellhörige Ohren

Was bedeutet nun Schweigen im Blick auf eine Begegnung mit Gott? Ist es eine Lärmpause, eine gute Gelegenheit, die Gott benutzt, um bei uns Einlaß zu finden? Oder ist es gar eine Bedingung, damit sich Gott überhaupt bei uns vernehmbar machen kann?
Gewiß kann uns Gott auf seine Liebe aufmerksam machen, wann und wie immer er will. Er ist nicht an Bedingungen gebunden, kann in mein Leben treten, wie es ihm beliebt. Er kann mich ansprechen, während ich ein Buch lese oder einen Wasserfall betrachte. Bei jedweder Tätigkeit kann ich innerlich dahin gebracht werden, daß ich stille werde und tiefer nachzudenken und zu hören beginne. Mitten in einer Menschenmenge kann es mir geschehen, daß ich plötzlich von einem Gefühl großer Einsam-

keit befallen werde, daß ich merke, wie eine Sehnsucht nach größerer Geborgenheit, nach Liebe, nach Gott mich zu erfüllen beginnt. Mitten im Trubel kann ich für tiefere Fragen geöffnet werden. – So, als ob Gott durch viele – sowohl alltägliche wie schmerzliche – Ereignisse in uns eine Stille schaffen wolle, damit er uns sagen kann, wie unser Leben von seiner Seite her gedacht ist; wie es aber auch ohne seine Liebe fad und glanzlos bleibt.
Daß Gott uns liebt, mag für die einen eine Provokation sein, für die anderen ein Gemeinplatz. Eine Aussage, die gelassen zur Kenntnis genommen wird, die unter Umständen noch bis an unser Ohr gelangt, nicht aber ins Herz dringt. Nicht etwa deshalb, weil uns das, was sie aussagt, nicht willkommen wäre. Wer vernähme nicht gerne, geliebt und kostbar zu sein. Schon eher deshalb, weil uns diese Botschaft ungelegen ist, weil uns anderes im Augenblick wichtiger ist. Wir haben zu viel in den Ohren, sind gefüllt mit andersartigen Melodien und Worten. Da ist kein Platz, kein Raum, und deshalb auch kein bewußtes Bedürfnis. „Die Botschaft hör' ich wohl, allein mir fehlt der Glaube" (J. W. Goethe), jener Glaube, der nach einem Wort von Paulus gerade vom Hören kommt (Röm 10,28). Um diese Botschaft von der Liebe Gottes zu verstehen und von ihr ergriffen zu werden, braucht es in der Tat offene Ohren, eine Atmosphäre des Schweigens; eine feine Einstellung unseres Gehörs und unseres Herzens. Ganz so, wie es in unseren zwischenmenschlichen Beziehungen vorgegeben und notwendig ist. Persönliche Vorhaben, Vertrauenserweise, besondere Gunst: das alles bezeugt man einander nicht bei jeder Gelegenheit, schon gar nicht in Momenten großer Betriebsamkeit. Noch viel weniger Liebeserklärungen. Sie wollen nicht so nebenbei und in den Wind gesagt sein. Sie brauchen Raum, fordern eine unbelastete Atmosphäre, in der unser Herz frei und das Ohr empfänglich ist; ein „Medium", in dem die Seele sich auf feinere Töne einstellen kann. Es handelt sich ja hier um

Worte, die nicht einfach eine sachliche Mitteilung übermitteln wollen, sondern Vertrauen aussprechen. Sie werden nicht gesagt, sondern geschenkt.

5. Schweigen als Einlaßstelle Gottes

Ähnliches gilt für das Entstehen von Glauben und Gebet: Um die Botschaft Gottes, diese blanke Liebeserklärung, zu verstehen, müssen wir eine Atmosphäre der Stille schaffen. Wir müssen schweigen, müssen es immer wieder lernen, auch in einem ungünstigen Umfeld. Anders wird die Erfahrung der Nähe Gottes keinem zuteil. Nicht dem Anfänger im Gebet und nicht dem Fortgeschrittenen, nicht dem Aktiven und nicht dem Kontemplativen. Schweigen ist nicht ein Sondercharisma, nicht ausschließlich Sache jener Gläubigen, die dafür besonders begabt sind, eine Lieblingsbeschäftigung für Introvertierte; noch weniger eine Eigenheit von Mönchen und Nonnen, die dazu eine spezielle Berufung verspüren. Nein, es handelt sich hier um etwas ganz Fundamentales. Schweigen, verstanden nicht bloß als Abwesenheit von Worten, sondern als aktives Hören, ist eine Bedingung, ohne welche die Frohe Botschaft einfach nicht verstanden werden kann. Es ist die Einlaßstelle Gottes schlechthin. – Und wo es uns gelingt, Schweigen zu halten und darin für Gottes Wirklichkeit offen zu werden, da wird es möglich, daß ein Wort aus der Bibel bei uns Wurzeln schlägt; es kann innerlich erwogen und behalten werden. Dadurch wird es fruchtbar und kommt zu seiner Wirkung. Es tröstet, richtet auf, läßt die Seele in Aufwind geraten. So wie der Psalmist unumwunden von sich bekennt: „Zu dir hin wurde still meine Seele, und ich gewann großes Vertrauen“ (Ps 62,2).
Mit diesem Schweigen, das sich untrennbar mit dem Beten verbindet, ist nicht eine beliebige Eigenschaft des Betens beschrieben. Nicht eine wahllos herausgenommene Quali-

tät, die je nach Stimmung bald dasein, bald fehlen kann. Es meint auch nicht eine Methode oder einen technischen Hinweis. So etwa wie ein regelmäßiges Atmen hilft, innerlich ruhig zu werden. Nein, schweigendes Hören ist mehr als zufällig; es ist eine geistige Haltung, die das Beten in seinem Kern ausmacht, um die wir uns schon zu Beginn des Betens bemühen sollen, die aber, wie nichts anderes, selbst eine Frucht des Betens ist. Wo wir richtig beten, werden wir zu Hörenden. Und in dem Maße, wie das eigene Reden zurücktritt, wie wir innerlich bereit und gewillt werden, uns etwas, ja das Entscheidende zu unserem Leben sagen zu lassen, realisieren wir, was christliches Beten meint: in sich großen Raum schaffen und Gott ausreden lassen.

„Als mein Gebet immer andächtiger und innerlicher wurde, da hatte ich immer weniger und weniger zu sagen. Zuletzt wurde ich ganz still.

Ich wurde, was womöglich noch ein größerer Gegensatz zum Reden ist, ich wurde ein Hörer.

Ich meinte erst, Beten sei Reden. Ich lernte aber, daß Beten nicht bloß Schweigen ist, sondern Hören. So ist es: Beten heißt nicht sich selbst reden hören. Beten heißt still werden und still sein und warten, bis der Betende Gott hört.“[16]

Ob ihr eßt oder trinkt ...

Beten im Alltag! Es scheint, daß so etwas kaum möglich ist. Einwände, praktische wie theoretische, sind unzählige. Wie soll man in einer Situation beten, in der sozusagen alles fehlt, was an nötigen Bedingungen dasein müßte: die Ruhe und die Sammlung, die Kraft und sehr oft einfach die Lust. Daß alltägliche Arbeit unterbrochen wird und werden soll, dafür ist Verständnis durchaus vorhanden. Diese Unterbrechungen sollen dann aber zum Verschnaufen, zur Erholung und Zerstreuung dienen, nicht aber für das Gebet.

1. In der geistlichen Schule des Alltags

Wie erfahren wir Alltag? Was ist typisch alltäglich an unseren Tagen? – Etwa in unserem Zusammenleben? Schön ist es gewiß, wenn nicht nur Alltägliches in unserem Tag vorkommt, wenn uns Stunden und Tage beschert werden, in denen es auch festlich zugeht, wo spannungsfreie Tage uns etwas vom Sinn und der Unbeschwertheit des Daseins erahnen lassen. Wir brauchen das alltägliche Leben nicht schlechter zu machen, als es ist. Mögen Routine und ewige Wiederkehr von gleichen Abläufen unsere Sinne ein wenig abstumpfen, so sollen wir uns doch die kindliche Offenheit bewahren, mit der wir Momente von unverhofftem Glück zu schätzen wissen. Das hilft uns, gut zu sein. Die Seele ernährt sich von dem, was sie freut: von glückenden Beziehungen, vom Gelingen eines Projektes, vom Eintauchen in die Schönheit der Natur und der Kunst.

Trotz dieser Aufhellungen inmitten alltäglicher Routine brauchen wir dennoch nicht so zu tun, als ob wir uns da, wo alltägliche Pflichten unsere Zeit und unsere Gefühle bestimmen, im Paradiese fühlten, als ob hier alles schön und rund wäre. Wer kennt im täglichen Miteinander nicht auch die Stunden der Mühsal, in denen man es miteinander schwer hat, wo die einfachsten Verständigungen zum Problem werden. Wie kann man einander doch auf die Nerven gehen oder sich langweilen! Wie schnell ist es passiert, daß bei solcher Anspannung Meinungen brüsk aufeinanderprallen, Streit und Parteiungen entstehen! Wie schnell kann unter solchen Umständen ein schönes Einverständnis in ein Gegeneinander zerfallen und Mißtrauen sich einnisten.

Und unsere persönliche Einstellung zu diesem Alltag! Wie schwer es uns doch fällt, diese Realität zu bejahen! Es ist immer wieder verwunderlich, wie sehr wir uns darin selbst den Weg verstellen, wie mißmutig und wehleidig wir uns gegenüber den Dingen des Alltags verhalten. Die Abneigung gegenüber vielem, was uns im Alltag zugemutet wird, macht deutlich, wie wenig wir mit dieser Realität versöhnt sind. Da gibt es offensichtlich zu vieles, was unsere eigenen Vorhaben durchkreuzt und uns keine persönliche Erfüllung schenkt. Auch bei noch so befriedigender Berufsarbeit bleibt immer ein geheimer Rest von Unerfülltheit, ein Vakuum an Sinn, eine Sehnsucht nach etwas anderem. In jedem Leben, auch in jedem Beruf fehlt etwas. Jede Arbeit weist in sich sinnlose Leerläufe auf, Arbeitsgänge, die reine Routine sind, die deshalb auch wenig befriedigen können. Jeder, der sich auf ein berufliches oder gesellschaftliches Miteinander einläßt, bekommt es zu tun mit den eigenen und fremden Grenzen, die der Zusammenarbeit gesetzt sind.[17]

Mag es jemandem gelingen, diese täglichen Widrigkeiten in Geduld zu ertragen, unverdrossen und mit munterem Herzen diesen Alltag und sich selber anzunehmen, so bleibt darin doch ein kleiner Stachel, den zu beseitigen schwierig ist. Es ist das unterschwellige Gesetz, das in unserer alltäglichen Wirklichkeit eingeschrieben ist und dem wir immer

wieder begegnen. Es bleibt die Herausforderung, mit der unser Glaube konfrontiert wird; es bleibt die nie zu Ende gelernte Lektion, die im Alltag enthalten ist: loslassen, zurücktreten, sterben.
Der Alltag ist eine Schule: „Ach, wenn wir willige und verständige Schüler wären, wir könnten für den inneren und geistlichen Menschen keinen besseren Lehrmeister haben als den Alltag! Die langen, gleichen Stunden, die Monotonie der Pflicht, die Arbeit, die jedermann selbstverständlich findet, das lange und bittere Mühen, für das niemand dankt, das Verbraucht- und Geopfertwerden des Alterns, die Enttäuschungen und Mißerfolge, die Mißverständnisse und die Verständnislosigkeit, die unerfüllten Wünsche, die kleinen Verdemütigungen, die kleinen Beschwerden des Leibes, die Unfreundlichkeiten des Wetters, die Reibungen des engen Zusammenlebens, solche und tausend andere Dinge, die den Alltag füllen, wie können sie, wie könnten sie den Menschen still und selbstlos machen, wenn er auf diese so menschliche und doch so göttliche Pädagogik einginge."[18]
Das ist die Welt, in der wir täglich uns vorfinden; da sind die Arbeiten, die uns so fordern, daß wir weitgehend mit ihnen und mit uns beschäftigt sind, mit der Erfüllung unserer Pflicht, der Verfolgung unserer Interessen, unseres Wohlergehens, eben mit uns selbst und nicht eigentlich mit Gott. Es ist die Welt der Profanität, der scheinbaren Abwesenheit Gottes. – Wie in dieser Welt beten?

2. „Ach – ja!" – Ein treffsicheres Stoßgebet

In der christlichen Tradition gibt es die gute Gewohnheit der sogenannten Stoß- oder Pfeilgebete. Gemeint sind jene Ausrufe des Vertrauens oder auch der hilfesuchenden Verzweiflung, die einem spontan entschlüpfen und die irgendwie steil und direkt zum Himmel gehen. Bald sind es Laute

des Entzückens, bald Ausrufe der Enttäuschung. Was ihnen allen gemeinsam ist, ist die Betroffenheit, die unerwartete Widerfahrnis, das Zuviel der Gefühle. Wir können es für den Augenblick weder ertragen noch für uns allein behalten. Etwa da, wo wir im Gebirge, nach einem anstrengenden Anstieg, plötzlich mit einer unerwarteten Aussicht belohnt werden. Es ist zuviel des Schönen, als daß man damit allein zurechtkommen könnte. Das Staunen, der Lobpreis drängt sich wie von selbst auf die Zunge: „Wie herrlich, schau doch!"
Oder aber, um die negativen Erfahrungen zu erwähnen, wenn Unglück und Leid die Seele überraschen und bedrücken. Wohin dann mit diesem Schmerz? Unter den Namen vieler Nothelfer und Heiligen, die bei solchen Gelegenheiten herhalten müssen (o heiliger Sebastian!), unter den vielen frommen Flüchen, in die sich der Schmerz kleidet, stellt sich öfters dieser unscheinbare, fast namenlose Seufzer ein: „Ach – ja!" Es ist ein Ausruf, der besonders bemerkenswert ist. Er kommt uns so automatisch über die Lippen, ohne daß uns dabei etwas Besonderes auffällt. Wir sagen es so, ohne uns viel dabei zu denken, merken kaum, wie genau mit diesem Ausdruck die Intention eines Gebets getroffen wird. Während das Wörtchen „Ach!" alles ausspricht und zusammenfaßt, was uns bedrückt und preßt, schwingt im Ja die Zustimmung, der Versuch einer Gutheißung, ja der Versöhnung mit. Halb vielleicht nur, gezwungenermaßen, mehr abgerungen als frei, aber doch in einem „Ja".[19]
Es wird uns vielleicht gar nicht bewußt sein, daß ein solcher Stoßseufzer, in dem ein Schmerz aufgefangen und angenommen wird, das Anliegen eines Gebets trifft; ja, daß dieses „Ach – ja" selbst schon ein Gebet ist oder sein kann. Zumindest ein anonymes, ein keimhaftes. Es ist ein Rufen ohne genauen Adressaten, ein Seufzen ins Unendliche, eine Bejahung, die weit über den Anlaß hinausgeht, aus dem sie entspringt. Wir heißen in einem solchen Stoß-

gebet mehr gut, als uns bewußt ist. – Was Josef Pieper über die Ermöglichung eines Festes sagt, gilt auch für diese Formen von anonymen Gebeten: „Wo immer es uns gerät, von Herzen etwas Einzelnes ‚gut', wunderbar, herrlich, hinreißend zu finden, den Schluck frischen Wassers, das präzise Funktionieren eines Werkzeuges, die Farben einer Landschaft, den Charme einer liebenden Gebärde, ein Gedicht – immer greift dann, sofern es mit rechten Dingen zugeht, die Preisung über das jeweils wortwörtlich Genannte hinaus; immer ist darin ein Hauch von jener Zustimmung zur Welt im ganzen, so daß auch die Umkehrung des eben angeführten Satzes (Um Freude irgendworan zu haben, muß man alles gutheißen) gilt: ‚Gesetzt, wir sagen Ja zu einem einzigen Augenblick, so haben wir damit nicht nur zu uns selbst, sondern zu allem Dasein Ja gesagt.'"[20]

Nun sind gewiß nicht alle spontanen Lebensäußerungen, die etwas bejahen, in sich schon Gebete. Es gibt den Ruf nach Hilfe, der religiös indifferent bleibt, der kein Gebet ist und auch nicht als solches erklärt werden will.

Und trotzdem sind die Lebenszeichen nicht zu übersehen, die eine geheime und unauffällige Ausrichtung auf Gott in sich tragen. Worte und Gesten, die, wenn man so sagen kann, vielleicht nicht zu Gott gelangen, aber doch in seine Nähe. Vielleicht fangen unsere Gebete schon früher an, als wir gewöhnlich annehmen. Nicht erst da, wo sie auf die Lippen kommen, sondern schon in der unbewußten Sehnsucht nach einem tieferen Sinn des Lebens, in den unaussprechlichen Seufzern, die sich von der Seele lösen. Es gibt Menschen, die sagen vielleicht nie „Gott" und tragen seine Wirklichkeit doch in ihrem Herzen. Sie sprechen keine lauten Gebete und rechnen doch mit diesem letzten Halt, an den sie ihr Leben gebunden wissen.

Deshalb ist es auch möglich, daß die Laute, die uns spontan von der Seele kommen, mehr sind als seelische Entlastungen. Sie tragen einen Sinn in sich, der oft weiter und größer ist als das, was ausgesprochen und wahrnehmbar ist. Als Akte, die auf die Annahme der ganzen Wirklichkeit zielen, sind sie schon Gebete.

3. Spirituelle Tiefenbohrungen

Im Alltag beten! – Es ist klar, mit Stoßseufzern allein ist diesem Anliegen nicht völlig entsprochen. Sie sind so etwas wie ein Existenzminimum des Glaubens, eine elementare Ausdrucksweise von Vertrauen, mit dem wir im Alltag leben können. Aber sie genügen nicht. Einen Schritt weiter führen die Gebetsweisen, die Madeleine Delbrêl als „Tiefenbohrungen" bezeichnet. Gemeint sind damit ausdrückliche Pausen, in denen wir zu Gott hinabtauchen; Unterbrechungen, die dazu dienen sollen, uns die schöpferische und tätige Nähe Gottes in Erinnerung zu rufen. „Um eine Ölschicht zu erreichen, spielt die Ausdehnung keinerlei Rolle. Man braucht nicht Tausende von Quadratkilometern auszubeuten, auch kein System unterirdischer Galerien anzulegen. Man bohrt senkrechte Schächte, deren Öffnung lächerlich eng ist, dringt aber so tief hinunter wie nötig, um die Ölschicht zu erreichen. Heutzutage ist in so manchem städtischem Leben das Gebet nur durch Bohrungen möglich, wobei Intensität die Dauer ersetzt. So ein kräftiges und sichtloses Hinabtauchen strebt in der Tiefe zu Gott hin, in Akten des Glaubens, der Hoffnung, der Liebe."[21]
Solche Momente sind unendlich kostbar und hilfreich. Sie helfen, einen beruflichen Alltag gelassen und in größerer innerer Freiheit zu bestehen. Deshalb ist es nicht bloß nicht schlimm, sondern in hohem Maße ratsam, eine geistige oder körperliche Arbeit hin und wieder etwas warten zu lassen, ihr fünf Minuten zu entziehen, bevor wir uns dransetzen. Die Erneuerung unseres Gottvertrauens, die in solchen kurzen Zwischenzeiten geschehen kann, zahlt

sich aus. Sowohl hinsichtlich unserer positiven Gestimmtheit als auch in bezug auf die Qualität einer Arbeit. Oft sind es diese kurzen, vorgeschalteten Tiefenbohrungen, diese Zwischenzeiten, in denen über Gelingen oder Scheitern von Begegnungen oder von Arbeiten entschieden wird. Nicht immer müssen wir diese Momente selber bewerkstelligen. Hin und wieder sind die paar Minuten einfach vorgegeben. Es gilt, sie frisch-fröhlich zu ergreifen und zu füllen. Etwa beim Warten auf die Metro, beim Arzt oder vor der Kopiermaschine, die sich aufwärmt. Verstärkt noch, wenn dort die Anleitung steht: „Kapieren, nicht kopieren". – Auch bei hohen Anforderungen eines Berufes sollte es möglich sein, in den Pausen, den freiwilligen oder unfreiwilligen, die Seele etwas über das unmittelbar Gelebte hinauszuheben, Distanz zu gewinnen, sich neu zu sammeln.

Natürlich gelingt es nicht immer gleich gut, in diesen kurzen Zeiten in die Tiefe zu tauchen. Zwar stimmt es, daß schon kurze Gebete helfen können, eine Haltung des Gottvertrauens zu verlebendigen. Ein solcher Vorgang gleicht der Aufnahme von Nahrung. Haben wir Hunger, dann genügt ein Stück Brot, um die Lebensgeister wieder anzuregen. Weniges schon ist dem Hungrigen kostbar. – So auch beim Beten im Alltag. Gott wird hier umso leichter gefunden, als wir von einem Hunger nach ihm erfüllt sind, als wir ihn ersehnen und erwarten. Die kurzen Bohrungen in die Tiefe gelingen dort am besten, wo die unterirdischen Stollen schon bereitet und erschlossen sind. In gewissem Sinne müssen wir bereits im Gebet drinnen sein, müssen mit seiner Atmosphäre vertraut sein, damit auch kurze Momente wirklich zu Gebeten werden können. Wird Gott ersehnt, wird er auch gefunden, selbst in kurzen Augenblicken.

Nur so ist auch die bekannte Aussage des hl. Ignatius zu verstehen, die das Genügen einer kurzen Gebetsspanne auf fast unheimliche Weise illustriert. Für den Fall, daß der neugegründete Orden, also sein Lebenswerk, zerstört würde, würde ihm eine Viertelstunde genügen, um diesen Schlag innerlich zu verkraften. Das klingt sehr willensbetont, beinahe unmenschlich. Man könnte dahinter leicht eine Haltung von stoischer Unerschütterlichkeit vermuten. Dem ist aber nicht so! Vielmehr läßt die gefühlsmäßige Sicherheit, die in einem solchen Satz durchscheint, auf eine tiefe Gebetshaltung schließen, aus der heraus Ignatius alles als Willen Gottes anzunehmen bereit ist. Was immer ihm geschieht oder zustößt, er ist bereit und innerlich gefaßt, es aus der Hand Gottes zu empfangen; selbst die Zerstörung dessen, was zur größeren Ehre Gottes erbaut wurde.[22]

4. Betend in der Arbeit

Beten im Alltag! Worin es also bestehen kann und wie es konkret aussieht? In den kleinen Unterbrechungen, die wir einlegen, diesen eingestreuten Stoßgebeten, die uns mitten im beruflichen und privaten Tun entschlüpfen? Ist dabei das Ideal, wonach Alltag und praktizierter Glaube miteinander verbunden sein sollen, schon genügend Wirklichkeit? Ist damit das unablässige und ständige Beten, von dem Paulus redet, schon erreicht: „Betet ohne Unterlaß! Dankt für alles! Denn das will Gott von euch, die ihr Christus angehört“ (1 Thess 5, 17–18).
Es muß wohl noch eine andere Weise dieses alltäglichen Betens bedacht werden, eine Form, die auf eine noch innigere Verbindung von Gebet und Alltag, von Glauben und Leben zielt; in der der Alltag nicht nur durch fromme Erhebungen unterbrochen wird, sondern bei der dieser sozusagen selbst zum Gebet wird. Nicht im Alltag beten, sondern den Alltag selbst durchbeten. Nicht nur Pausen und fromme Vorspanne, sondern mitschwingende Gottesgedanken, die all unser Tun stützen und begleiten, es in seiner Qualität steigern und neu erleben lassen.

Aber wie soll dies in der Praxis aussehen? Wie soll es möglich sein, zwei Tätigkeiten, die auf den ersten Blick nur wenig oder überhaupt nichts miteinander zu tun haben, zu verbinden? Wie in der Mitte von beruflichen Aufgaben, die viel Aufmerksamkeit und Konzentration verlangen, den Geist zu Gott erheben? Ist es nicht eine seelische Überforderung, eine gedankliche Akrobatik, die Herz und Gehirn auseinanderreißt? Ein Ziel, das dort, wo es auch nur anfanghaft realisiert wird, einen Spagat der Gefühle nach sich zieht?[23]

Gewiß kann es nicht darum gehen, ständig und überall, bei allem und jedem, Gott ausdrücklich vor Augen haben zu wollen. Solche permanente Ausrichtung auf Gott würde, vor allem wenn sie auf Kosten der konkreten Aufgaben geht, nichts anderes bewirken als eine Unmenge frommer Zerstreuungen. Eigentliche Konzentration auf eine konkrete Aufgabe wäre dadurch sehr erschwert – abgesehen davon, daß darin eine Überforderung unserer geistigen Fähigkeiten liegt. Das Ideal, Gott in allen Dingen gegenwärtig zu haben, meint nicht ein frommes technisches Training, mit dem wir die glaubende Aufmerksamkeit derart auf Hochtouren bringen, daß sie uns schließlich erlaubt, Gott sozusagen thematisch in allem zu sehen. Das wäre zuviel, wäre gedanklicher Ballast, der zwar gut gemeint sein kann, uns aber in der Realität scheitern läßt.

Natürlich gibt es verschiedene Weisen, wie alltägliches und geistliches Tun zu einer Einheit finden. Nicht jede Tätigkeit ist für die Verbindung mit dem Gebet in gleicher Weise geeignet. Es gibt Stufen der Zuordnung und Verbindbarkeit. Es ist relativ leicht, bei einer routinemäßigen Gartenarbeit oder bei der Zubereitung einer Tasse Tee einem frommen Gedanken nachzugehen; da kann man innehalten, einem vertrauten Gebet oder einem Wort aus der Bibel, das einen stärkt, Raum geben oder ein Lied vor sich hersingen. – Oder erst das Anhören eines geistlichen Konzerts: Da mag aus angerührten Gefühlen, welche die Musik weckt, seien es Freuden oder Tränen, leicht ein Dank, eine Bitte oder eine Klage entstehen. In solch musischen Tätigkeiten ist es nicht schwer, eine Brücke zum Gebet zu schlagen. Da gilt also durchaus der Satz: Man kann beim Tun auch etwas beten. Und: Man kann beim Beten auch etwas tun.

5. Wie der Chirurg betet

Schwieriger wird es bei einer professionellen Tätigkeit, die sowohl Verstand als auch Gemüt fordert, bei der eine gespaltene Aufmerksamkeit die Qualität der Arbeit beeinträchtigen oder gar gefährden könnte. Ein Chirurg etwa, auch wenn er fromm ist, kann und darf es sich nicht leisten, geistesabwesend zu sein und frommen Gedanken nachzuhängen. Er muß um seiner Arbeit willen Kopf und Herz bei der Sache haben. Und zwar ganz. Dies wird ihm auch umso besser gelingen, als er allgemein bei Kräften ist, sich vor der anspruchsvollen Arbeit sammelt und eben nicht zuletzt auch betet. Es mag zudem ganz natürlich sein, wenn ihm in schwierigen Augenblicken des Operierens Stoßgebete entschlüpfen. Sie werden ihm helfen, innere Spannungen abzubauen, erinnern ihn daran, daß er in seinem Tun gehalten und geleitet ist. Als nebenher entschlüpfte Laute tun solche Gebete der Ganzheit der Konzentration keinen Abbruch. Im Gegenteil: Sie stellen sie wieder her und fördern sie. – In den Augenblicken des Operierens jedoch ausdrücklich beten zu wollen würde sowohl die seelische Aufmerksamkeit spalten wie auch die Qualität der beruflichen Leistung gefährden.
Schon an diesem Beispiel erkennt man, wie Gebet und alltägliches Arbeiten sich überschneiden und durchdringen. Je tiefer der Arzt darum weiß, daß Gott ihm nahe ist und ihm Gelingen schenken will, umso sicherer fühlt er sich in seinem Tun, umso besser wird er seine Fähigkeit

anwenden. Er gewinnt in der Ausübung der Arbeit an Profil, an innerer Teilhabe, aber auch an Leichtigkeit und Freude. Die geschickte Hand, über die er verfügt, berufliche Gewohnheiten und Routine kommen auf diese Weise voll zur Geltung. – Je lebendiger in ihm das Bewußtsein ist, daß Gott ihm hilfreich nahe sein wird, desto sicherer führt er die Instrumente, desto sachgerechter ist auch sein Handeln. Die Vollendung seiner beruflichen Pflichten hängt auch davon ab, wie innig das Vertrauen ist, mit dem er betet. –

Verallgemeinern wir das Beispiel: Beten im beruflichen Alltag kann nicht heißen, in Gedanken ständig und ausdrücklich bei Gott zu sein. Das wäre sowohl geistige Überforderung als auch eine Mißachtung unserer welthaften Wirklichkeit. Einsätze des Berufes fordern uns. Nicht nur halb, sondern ganz. Sie nehmen uns in Beschlag. Das ist gut so. Wir dürfen uns durchaus hineinnehmen lassen in die Anforderungen einer beruflichen oder gesellschaftlichen Tätigkeit, aber auch in die Faszination eines Konzertes oder eines Festes, ohne daß wir dabei ein schlechtes Gewissen haben müßten. Wenn es uns von der Sache her unmöglich ist, in den verschiedenen Tätigkeiten, in Beruf und Freizeit, an Gott zu denken, so heißt das nicht schon, daß wir dies alles ohne Gott verrichten. Er bleibt da. Sein Dabeisein und seine Führung hängen nicht von unserem Denken ab. Seine hilfreiche Gegenwart, für die wir uns ausdrücklich im Gebet immer wieder öffnen, ist mehr als das, was wir zu gewissen Zeiten davon erfahren dürfen.[24]

In allem geht es darum, daß wir in unserem Tun und Lassen gesammelt und ganz sein können, daß wir nicht innerlich hin- und hergerissen werden durch ein vermeintliches Frömmigkeitsideal; daß wir, mitten im weltlichen Tun, so auf Gott bezogen bleiben, daß wir dadurch unser Ganzsein nicht nur nicht verlieren, sondern erst recht gewinnen. Weil wir auf Gott das ganze Vertrauen setzen dürfen, können auch wir ganz sein.

Eine geistliche Abendkultur

Zum Beten im Alltag gehört die geistliche Gestaltung des Abends. Der Abend (wie auch der Morgen) sind ganz entscheidende Zeiten. Sie sind wie Scharniere, in denen die Tür eines Tages hängt und sich dreht, in denen viel nicht bloß über das Gelingen eines Tages, sondern des ganzen Lebens entschieden wird.
Was der Abend für uns Menschen bedeutet, zeigt sich am besten bei Kindern. Welches Zeremoniell veranstalten sie doch, wenn die Zeit gekommen ist, ins Bett zu gehen. Da gibt es nichts, was nicht wichtig, auch nichts, was einem anderen Moment des Tages ähnlich ist. Der Übergang in die Nacht hat etwas Besonderes an sich, verlangt deshalb eine eigene Gestaltung. Er muß verläßlich, geordnet, ja geradezu feierlich sein. In der regelmäßigen Abfolge von Zähneputzen, Anziehen des Pyjamas, Anhören der Gutenachtgeschichte, dem Gebet mit den Eltern bis zum Gutenachtkuß. Es kann nicht geschlafen werden, bevor der Stoffelefant seine richtige Ruheposition gefunden hat. Das ist alles wichtig, gehört zum Zeremoniell.

1. Etwas Zeit vor dem Einschlafen

Warum eigentlich? Offensichtlich ist der letzte Tagesabschnitt mehr als nur ein Ende oder ein Abschluß. Es wird nicht einfach der Laden zugemacht, sozusagen der Geschäftsschluß angesagt. So als ob nachher nichts Eigentliches mehr da wäre, das sich lohnen würde oder die Menschen beschäftigen könnte. Der Drang, die Dinge zurechtzulegen, das umständliche Ordnungmachen, das, wie gesagt, bei Kindern, aber auch bei älteren Menschen auffallend ist, weisen darauf hin, daß sich in der Seele besondere

Vorgänge abspielen. Die Nacht, auf die man zugeht, bringt eine Verunsicherung; sie macht Angst, zwingt dazu, die Dinge, die wir tagsüber geordnet und kontrolliert haben, loszulassen. Wir werden genötigt, ja gezwungen, viel Vertrautes aus der Hand zu geben, die geführte Regie darüber, was am Tag zu geschehen hat, abzugeben.
Das alles macht Angst. In der Unsicherheit der anbrechenden Nacht wird die Seele schutzlos; sie wird angreifbar, auch ausgeliefert an Strömungen und Mächte, die sie nicht kennt, an Bilder und Phantasmen, die aus tiefen Abgründen des Unterbewußten aufsteigen, an Vorstellungen und Träume, in denen verdrängte Realitäten sich zu Wort melden. – Deshalb wohl dieses Bedürfnis nach Ordnung, von der man erhofft, sie würde die Nacht hindurch halten und den erhofften Schutz bieten.
Schon von diesen Überlegungen her liegt es nahe, die Abendzeit in besonderer Weise zu gestalten. Eine geistliche Kultur des Abends. – Worin könnte sie bestehen? Vorerst wohl einfach darin, daß eine Zeitspanne vorgesehen wird, die das Ende einer beruflichen oder gesellschaftlichen Tätigkeit vom Moment des Ins-Bett-Gehens trennt. Der Tag soll nicht einfach auslaufen und sich so unmerklich ausfädeln. Nach dem Druck auf den Fernsehknopf oder dem Zurückstellen des Bierglases sollte es eine Zeit geben, wo der Tag nochmals bedacht werden kann.
Wir können den Zwängen des Abends gewiß nicht völlig entfliehen, sind nicht durchgehend Herr der Verhältnisse, weder der äußeren noch der inneren. Gerade Momente der Ermüdung, in denen oft wenig gestalterische Kräfte übrigbleiben, lassen uns die Grenzen eigener Verfügung deutlich und sehr oft auch schmerzlich spüren. Wir sind in solchen Augenblicken mitunter sehr wehrlos an uns selber ausgeliefert. – Aber es gilt auch hier: Gute Gewohnheiten, auch Strukturen helfen uns mit der Zeit, das zu tun, was wir möchten; sie entlasten die Freiheit. Was uns an Verhalten vertraut ist, was geläufig und selbstverständlich gewor-

den ist, das trägt, auch in kraftlosen Momenten. Es mag uns zu Beginn nur wie ein dünner Faden vorkommen, mit der Zeit werden Gewohnheiten zu starken Seilen, die uns halten. Auch innerhalb der Grenzen, die unserer abendlichen Gestaltung gesetzt sind, gibt es die Möglichkeit, solche guten Gewohnheiten einzuüben. Wir können der abendlichen Trägheit auch einen Halt bieten, und bestände dies nur darin, daß wir die letzte Viertelstunde des Tages als heilig und unantastbar für uns erklären. Es mag vorerst dahingestellt sein, wie die inhaltliche Füllung dieser letzten Zeit aussieht, was da das Beste und Gegebene ist: ein Gespräch zwischen Partnern, eine Tagebuchnotiz, ein Gebet. Wichtig ist, diesen Zwischenraum sicherzustellen; daß wir mit der Arbeit aufhören, bevor wir aus Müdigkeit nicht mehr können oder bei ihr einschlafen. Auch da, wo es bei einer Sitzung oder bei einem Fest spät geworden ist, ist es nie so spät, daß nicht noch einige Minuten übrigblieben, um sich an den vergangenen Tag zu erinnern. Die Seele sollte einfach noch einmal aufatmen können, bevor sie in die Nacht fällt.

2. Abends im Gespräch mit sich selbst

Was soll denn nun in diesen letzten Minuten des Tages geschehen? Vorerst soll einfach das Tagewerk aus der Hand gelegt werden. Es ist hilfreich, äußeren Abstand zu schaffen, vielleicht, wenn es die äußeren Verhältnisse erlauben, nochmals durchzulüften, einen Spaziergang zu unternehmen. Wer es sich zur Übung gemacht hat, weiß, wie wohltuend es ist, zu den Geschehnissen des Tages in Distanz zu treten, einen Schritt zurückzugehen, um das richtige Augenmaß zu finden. Betrachten wir die Ereignisse aus einem gegebenen Abstand, enthüllt sich manches, was uns im Moment geärgert hat, als zweitrangig, als Bagatelle, die nicht der Rede wert ist. Vielleicht gelingt es uns sogar hin

und wieder, über Ärger und eigene Ungeschicklichkeiten gelassen den Kopf zu schütteln oder gar über uns selbst zu lachen.
Auf jeden Fall tun wir da, wo wir uns auf ein abendliches Gespräch mit uns selber einlassen, uns selber etwas Gutes. Die Versöhnung mit den Gefühlen und Gedanken wirkt sich nicht bloß auf die Qualität des Schlafes aus, sondern auch allgemein auf die Gesundheit. Eine abendliche Flurbereinigung schafft Distanz und gibt Raum, läßt atmen, stärkt die Seele und den Leib. Wo wir sie mit gewisser Regelmäßigkeit betreiben, da hilft sie ohne Zweifel, uns mit uns selber zu versöhnen und schädigende Einflüsse zu bannen.
Ein Vorbild solch abendlicher Selbstbefragung kann Seneca sein, ein römischer Philosoph, der seine Tagesrechenschaft mit viel Akribie und nicht ohne Humor übte. Er hält Rückschau, um immer wieder das richtige Augenmaß zu gewinnen, mahnt sich selbst im Widerspruch der Gefühle zur Ruhe, ruft sich so immer wieder zur geforderten Sachlichkeit.
„Gibt es denn etwas Schöneres als die Gewohnheit, seinen ganzen Tag so durch und durch zu prüfen? Wie ruhig ist der Schlaf, wie tief und frei, der auf die Selbstmusterung folgt! Täglich verantworte ich mich vor meinem Richterstuhl. Wenn fortgetragen ist das Licht und meine Frau verstummt, die meine Sitte kennt, durchstöbere ich meinen ganzen Tag und nehme meine Taten und Worte wieder vor; gar nichts verhehle ich, nichts übergeh' ich. Warum denn sollt' ich mich auch fürchten wegen irgendeiner von meinen Verfehlungen, da ich doch sagen kann: Sieh, daß du das nicht wieder tust! Für jetzt verzeih' ich dir. In jener Disputation hast du gereizt und aggressiv geredet: Laß künftig dich nicht mehr mit unwissenden Menschen ein; nicht lernen wollen sie, die niemals lernten. – Den hast du, weil du zürntest, mit mehr Freimut als recht war, ermahnt, ihn daher nicht gebessert, sondern nur geärgert;

beachte künftig nicht nur, ob es wahr ist, was du sagst, sondern ob der, zu dem du's sagst, Wahrheit vertragen kann. Beim Gastmahl haben dich Witzworte von gewissen Leuten und Anzüglichkeiten leicht gereizt; gedenke, Jedermannsgeselligkeit zu meiden; losgelassen ist die Ausgelassenheit, wenn sie getrunken haben, da nicht mal, wenn sie nüchtern sind, sie Scheu und Sitte kennen; weil du auf einem weniger honorigen Tischplatz saßest, hat Zorn dich angewandelt gegen deinen Wirt, den Kartenausträger, ja gegen den, der höher saß als du: Unsinniger, was macht es, welchen Sofateil du drückst? Kannst ehrenhafter oder ehrloser du werden durch ein Kissen? Mit unfreundlichen Blikken sahest du einen Jemand an, weil er von deinem Schriftstellergenie schlecht redete; soll das Gesetz sein? ... Wirst du wohl, wenn du dich um die Gunst des Publikums bewirbst, dir auch sein Votum gleichmütig gefallen lassen!"[25]
Nicht immer wird es uns gelingen, im abendlichen Gespräch mit uns selber so gründlich aufzuräumen, wie es Seneca tat. Oft bleiben Verstimmungen, die einfach nicht so schnell zu beseitigen sind. Weder mit klugen Erklärungen, die wir uns zurechtlegen, noch mit energischem Zureden. Dies hängt einfach damit zusammen, daß eine solche Rückschau, wie wir sie am Abend anstellen, öfters über die Tagesaktualität hinausführt. Ganz automatisch schwingen da, wo wir Stille zulassen, grundlegende und längerfristige Themen hinein; das, woran man nagt, die Knackpunkte, die Schmerzen von unverheilten Wunden, Fragen, die ohne Antwort bleiben, zerbrochene Hoffnungen. Es ist kaum zu vermeiden, daß wir in solchen Stunden mit den großen Themen des Lebens in Berührung kommen. Oft wird es so sein, daß das Gewicht von jenen Fragen, die sich durchziehen, die Aktualität des Tages verdrängen.

3. Ein Blick für erfreuliche Kleinigkeiten

Aber gehen wir über Seneca hinaus. Die abendliche Pause soll nicht nur dazu dienen, mit den eigenen Gefühlen wieder ins Reine zu kommen, sondern soll zum Gebet werden. Wie kann das geschehen?
Vorerst geht es wohl darum, uns und dem vergangenen Tag viel Raum zu lassen. Mag sich Ärger angestaut haben, mögen in der Tiefe der Seele viel Leere und Unzufriedenheit vorhanden sein, wir sollen es vorerst einmal so lassen. Die Fakten eines vergangenen Tages, auch wenn sie wenig Anlaß zu Zufriedenheit oder gar Stolz geben, müssen nicht gleich besprochen, kritisiert und beurteilt werden. Sie sollen vorerst einmal dasein dürfen, so wie sie sind, in ihrer Buntheit, in ihrer Rätselhaftigkeit. Sie müssen nicht schon nach Gut und Schlecht qualifiziert und gesondert werden. Nur so, in einem vorurteilslosen Bestehenkönnen, werden wir sie mit Herz und Verstand richtig begreifen.
Wir spielen den Kurzfilm des vergangenen Tages mit seinen Erlebnissen nochmals durch. Sozusagen im Zeitlupentempo, in seinen verschiedenen Sequenzen, angefangen beim Frühstück, dann bei der Arbeit, der Kaffeepause, dem unerwarteten Besuch. Dies alles, ohne schnell mit Bewertungen dazwischenzufahren; aber auch ohne die Absicht, in dieser Revue der Fakten vollständig sein zu wollen.
Erst in einem zweiten Schritt geht es um Unterscheidungen, um ein klareres Erfassen, was denn von einem vergangenen Tag wichtig und was nebensächlich ist, was gut und was schlecht war. Wo die vergangenen Dinge das Recht bekommen, dasein zu dürfen, da geben sie sich zu erkennen; da wird es auch leichter, die oft verborgenen Kostbarkeiten, die ein Tag mit sich brachte, zu sehen, sie auch zu hüten und zu bergen. Vielleicht ist es hilfreich oder sogar nötig, unser Augenmerk ausdrücklich auf diese erfreulichen Kleinigkeiten zu richten. Manchmal liegt das, was uns Freude machen und Trost geben kann, im Staub ver-

schüttet. Es zu finden braucht eine besondere Anstrengung. Zu sehr tendieren wir von Natur aus dahin, bei den negativen und ärgerlichen Dingen hängenzubleiben. Es braucht wahrscheinlich eine bewußte Ausrichtung, das Herz muß geweckt werden, damit das, was Gott uns zur Freude bestimmt hat, nicht unbeachtet bleibt. Wie es jener orientalische Mönch tat, der es sich zur Auflage machte, den Tag nicht zu beschließen, ohne Gott für drei Dinge gelobt zu haben! – Spontan, so auf Anhieb, springen uns die drei Dinge nicht in die Augen. Beginnen wir sie jedoch zu suchen, finden wir sie.

Übersetzen wir diese abendliche Übung des Dankens in das ausdrückliche Gebet, dann heißt es: Wir suchen nach konkreten Zeichen der Liebe Gottes, nach Spuren, auf denen er uns entgegengekommen ist, wo er uns gesucht hat. Sie sind uns das tägliche Brot, das uns als Nahrung gegeben und verheißen ist. Für heute, für den nächsten Schritt. Sehr oft ist es verborgen und als solches kaum erkennbar. Selbst was uns ein Stein scheint, kann Brot sein, wenn wir glauben können, daß eine väterliche Hand es in die unsrige gelegt hat.

4. Bevor es Nacht wird: den Stift in die Hand

Zu den möglichen Weisen, einen Tag abzuschließen und ihn ein wenig zu ordnen, gehört auch die Anfertigung von Notizen, das Schreiben von Tagebüchern. –

Tagebuch schreiben, so wissen es kundige Beobachter der literarischen Szene, ist keineswegs veraltet oder aus der Mode gekommen. Nach der Zahl der jüngsten Veröffentlichungen zu schließen, drängt sich eher der gegenteilige Eindruck auf. Journale, persönliche Berichte, biografische Aufzeichnungen erscheinen en masse. „Vielleicht", so prophezeit Musil, „wird man eines Tages nur noch Tagebücher schreiben, weil man alles andere unerträglich findet."

Was das Interesse am Tagebuch so lebendig hält? Menschliche Neugierde? – Gewiß! Ein Vorwitz, der sich Einblick ins Persönliche erhofft; vielleicht auch ein bißchen Lust an der Indiskretion. Neben solchen Reizen, die Menschen zu Tagebüchern greifen lassen, mag durchaus eine authentische Suche nach wahrem Leben mitspielen. Man hält Ausschau nach Zeugnissen, möchte sehen, wie es in der Werkstatt eines Schriftstellers aussieht, will das Innenleben eines gläubigen Menschen kennenlernen. Welches ist sein Weg, welches sind seine heimlichen Kämpfe und Niederlagen, welches seine Siege? Wo liegen die Ursprünge eines Wagnisses, wo hat es mit dem Glauben angefangen? Man sucht nach der fragmentarischen Schrift des Herzens.
Dies von der Seite des Lesers! Aber nun zum Schreibenden, zu uns, die wir am Abend oder auch bei sonstigen stillen Augenblicken den Stift in die Hand nehmen. Was kann uns bewegen, hin und wieder, etwa in Zeiten dichten Erlebens oder auch größerer Entscheidungen, ein Tagebuch zu führen? Welches ist der Wert, den wir in solchem Tun erkennen? – Lassen wir dazu jemanden zu Wort kommen, der es wissen muß, jemanden, der diese Übung täglicher Aufzeichnungen über Jahre hinweg betrieb, hartnäkkig und treu, ja bis zum Exzeß: Thomas Mann.
Im Februar 1934 bemerkte er: „Diese Tagebuchaufzeichnungen, wieder aufgenommen in Arosa, in Tagen der Krankheit durch seelische Erregung und durch den Verlust der gewohnten Lebensbasis, waren mir ein Trost und eine Hilfe seither, und gewiß werde ich sie fortführen. Ich liebe, den fliegenden Tag nach seinem sinnlichen und andeutungsweise auch nach seinem geistigen Leben und Inhalt festzuhalten, weniger zur Erinnerung und zum Wiederlesen als im Sinne der Rechenschaft, Rekapitulation, Bewußthaltung und bindenden Überwachung.“[26]
Dieser Wille dazu, täglich innere und äußere Ereignisse festzuhalten, diente bei Thomas Mann dem Zwecke, den geistigen Stand seines Lebens zu sichern und darin nichts

den wechselnden Zufällen zu überlassen. Nichts von dem, was geschieht, soll verlorengehen. Das Tagebuch bezweckte, die Fluktuationen des Lebens zu überwachen wie auch sich selber ehrlich und unverstellt zu begegnen. Es war Rechenschaft und Spiegelung. Alles gehörte dahinein und wurde festgehalten: Größtes wie die Entgegennahme des Nobelpreises, aber auch Banalstes wie der Gang zum Friseur oder das Essen eines Apfels. Nur um zwei Extreme zu nennen. Nichts durfte und mußte ausgeklammert sein, weder Beschämendes noch Erhebendes. Es gab keine Gefühle, die tabuisiert waren, nicht der eigene Ehrgeiz noch die Scham, nicht die Ruhmsucht noch heimliche Reue.[27]

Von diesem Kronzeugen für Tagebücher zurück zu uns. Nicht für alle sind tägliche Notizen möglich, nicht alle verfügen über so viel freien Raum und auch über so viel Zeit. Ebenfalls gilt nicht für jeden, daß er seine Identität nur im Schreiben finden kann. Aber es bleibt wahr, daß im schreibenden Festhalten das Erleben einer vergangenen Zeit sich gut ordnet, Profil gewinnt, unter Umständen dadurch erträglicher wird. Im Schreiben, seien es Journale oder auch persönliche Briefe, vergewissern wir uns dessen, was in und um uns vorgeht. Die Gefühle und Gedanken werden gewichtet, auch ein wenig gebannt. Was wir schriftlich festhalten, seien es einzelne Erfahrungen oder auch einige Kerngedanken, erfährt eine psychologische Verstärkung. Die Inhalte befestigen sich in unserem Innern, prägen sich leichter, aber auch tiefer ein. „Blasse Tinte ist stärker als das beste Gedächtnis" (China).

Das Schreiben eines Tagebuches, das ganz selbstverständlich auch religiöse Inhalte mitberücksichtigt, ist ein bewährtes Mittel, um im eigenen Glauben und Beten voranzukommen. Vor allem im Blick auf die anzustrebende Treue gegenüber dem, was Gott uns schenkt. Wenn wir uns auf Geschriebenes stützen können, fällt es sichtlich leichter, innere Entwicklungen in unserer Gebetsgeschichte wahrzunehmen und festzustellen. Das Nachlesen von gemachten Notizen hilft, den roten Faden, der die verschiedensten Erfahrungen zusammenhält, zu erkennen und auch aufzunehmen. Rhythmen, die das Streben nach Gott begünstigen und intensivieren, werden in der Kontinuität der Aufzeichnungen leichter erkannt. Aber auch ihr Gegenteil: Verhaltensmuster etwa, die uns im Glauben und Beten schädigen oder gar zerstören, überhaupt Gefahren, in die wir stürzen können, wie auch die typischen Fallen des eigenen Charakters. All das kann mit Hilfe schriftlicher Notizen leichter erkannt, aber auch bearbeitet werden. – Nicht umsonst wird für das Schreiben von Tagebüchern, gerade geistlichen, der Vergleich mit dem Spiegel herangezogen. Wer aufhört, sich Notizen zu machen, gleicht einem Menschen, der aufhört, in den Spiegel zu schauen. Oder für den Fall des geistlichen Tagebuches trifft das Wort aus dem Jakobusbrief zu: „Wer also das Wort nur hört, aber nicht danach handelt, ist wie ein Mensch, der sein eigenes Gesicht im Spiegel betrachtet. Er betrachtet es, geht weg, und schon hat er vergessen, wie er aussah" (Jak 1,23–24).

5. Wie heilsam, sich zu erinnern

Worum es schließlich geht im Bemühen, Tage gut zu beschließen? Einfach darum, nicht zu vergessen, was Gott uns Gutes getan hat (vgl. Ps 103,2). In der Tat: „Es ist für uns Menschen notwendiger, erinnert als belehrt zu werden" (Samuel Johnson). Und zwar nicht zuerst im pädagogischen Sinne, etwa wie ein Lehrer, der nicht darum herumkommt, öfters gesagte Dinge zu wiederholen und Bekanntes wachzurufen. So wie ein Reiter sein Pferd immer wieder an dieselbe Hürde zurückbringt, die es verweigert. Nicht jede Erinnerung hat den Zweck, erzieherische Ziele aufzuwärmen oder Programme des Lernens neu festzumachen. Es gibt nicht allein das Zurückgehen zu dem, was man sich vorgenommen hat und was immer noch der Verwirklichung harrt; man erinnert sich auch mit Recht an die Dinge, die geschehen sind, die zum festen Bestand unserer Biographie gehören. Wie stärkend ist es doch, Dinge, die unser Leben einst gefüllt, erwärmt und entzückt haben, bei sich zu behalten: den Zauber eines Anfangs, die ungeteilte Begeisterung für eine Sache, die erste Liebe. All diese großen Momente, die guten Erfahrungen in Familie und Freundschaft. Wir leben von diesen Quellen her, nähren uns zu einem Gutteil von Erinnerungen. Sie helfen uns, gelegentliche Verunsicherungen auszugleichen, sind oft wie Balancierstäbe, die uns in schwierigen Situationen im Gleichgewicht halten können.

Nicht jeder Gang in frühere Zeiten ist schon schlechte Nostalgie. Die Vergangenheit kann durchaus auch der Nährboden sein, aus dem man die Kraft für die Gegenwart bezieht.

Den vergangenen Tag ordnen. Für Kostbares danken, über dem Dunkel, das ein Tag brachte, die Sonne nicht untergehen lassen, ohne sich zu versöhnen. Warum all dies? Deshalb, weil das Ordnen eines Tages die Seele entlastet, ihr Gelassenheit und Freiheit schenkt. Deshalb ist es wichtig, daß das letzte Wort eines Tages ein Gebet und nicht ein Fluch ist. Nur so, in der Versöhnung und der Ausrichtung auf Gott, kann der Abend auch eine kleine festliche Note gewinnen, kann selber zur Feier werden, wie das deutsche Wort den Zusammenhang sinnvoll festhält: Feierabend.

* * *

Gute Erfahrungen

Für Momente der Erschöpfung

In Zeiten abendlicher Müdigkeit, da es der Geist nicht mehr schafft, sich zu konzentrieren oder ein Gebet zu sprechen, sind äußere Stützen hilfreich. Gerade hier zeigt es sich, daß wir in unserem geistigen und geistlichen Leben nicht nur von innen nach außen leben, sondern auch von außen nach innen. Wir brauchen Rituale, Gewohnheiten, Trampelpfade, auf denen wir, auch noch in Zuständen der Erschöpfung, zu uns und auch zu Gott finden. Es kann dies der abendliche Spaziergang mit dem Hund sein; der Text eines Lieblingsgebets, den wir in der Nähe des Bettes befestigt haben; oder ein frommes Bild, an dem wir nicht vorbeikommen, ohne es anzuschauen; oder der Rosenkranz in Griffnähe. Alle diese handlichen Hilfen erleichtern es, den Tag, auch in Zuständen der Müdigkeit, nicht ohne Gebet zu beschließen.

Für die Verschiedenheit der Temperamente

Es mag sein, daß die empfohlene Abendbesinnung nicht einfach in gleicher Weise für alle gilt. Temperamente, die dazu neigen, sich sehr mit sich selber zu beschäftigen, könnten durch abendliche Konzentration auf Details in Unruhe und Angst geraten. Sorgen, die ohnehin schwer lasten, schmerzliche Punkte, über die man nicht hinwegkommt, könnten so zur Abendstunde unnötig aufgewühlt werden. Vielleicht ist in solchen Fällen eine summarische Bitte um Schutz und Fürsorge, ein Bemühen um inneres Loslassen nützlicher und angebrachter als eine detaillierte Selbstbefragung.

Für Menschen jedoch, die mehr mit den Problemen der Extrovertiertheit zu kämpfen haben, ist wohl der Weg ins Detail nützlicher und förderlicher. Alles Geschehen auf globale Weise auf sich beruhen lassen hilft nicht weiter. Wie überhaupt Allgemeinheiten im geistlichen Leben wenig fruchten. Vielfach sind sie Ausflüchte bzw. Angst vor Verbindlichkeit. Erst in der Wahrnehmung der Einzelheit wird es deutlich, wie es um uns und unseren Glauben bestellt ist. In den kleinen Aufmerksamkeiten, für die ich dankbar bin, einer Liebestat, die verborgen blieb, dem Wort, das ich bei einem Streit brauchte:

Hier kommt zum Vorschein, wo Gottes heilendes Handeln am Werke ist, wo Gnade und wo Sünde liegen.

Für die Öffnung der Sinne

Für die abendliche Besinnung auf einen vergangenen Tag kann es zudem hilfreich sein, auch unsere fünf Sinne aufzurufen. Sie helfen, gerade auf die Einzelheiten eines Tages achtzugeben. Unsere Sinne sind sehr oft abgestumpft, gleichsam nach innen gestülpt. Wie oft gehen wir an den Dingen, gerade den nächstliegenden, vorbei, ohne sie wirklich zu sehen und bei ihnen haltzumachen. Deshalb ist es gut, diese unsere Sinne zu öffnen, sie in Aktion zu setzen. Wir können versuchen, vergangenen Dingen eines Tages auch noch sinnlich nachzuspüren. Wie schön und hilfreich ist es, die frische Luft nochmals zu spüren, die in ein stickiges Zugabteil eingedrungen ist; das Gesicht eines Kindes nochmals zu sehen, das mich so spontan angelächelt hat. Einfach wieder ganz Auge und Ohr werden. – Vielleicht gilt das klassische Erkenntnisgesetz, daß nämlich nichts im Geiste erkannt werden kann, bevor es nicht vorher in den Sinnen gewesen ist, auch für das Gebet. Vielleicht kommt vieles erst richtig ins Gebet hinein, wenn es zuerst in den Sinnen erkannt wurde. – Eine Konkretion des Satzes, daß das Gebet bei mir beginnen soll.

Jeden Morgen weckt er mein Ohr (Jes 50,4)

Der Anfang ist nach einem Wort von Aristoteles mehr als die Hälfte. Auf den Tag bezogen heißt das: Mit dem Gelingen oder auch Mißlingen der ersten Stunde ist viel, ja das meiste des Tages schon entschieden.
Die Erfahrungen mit den ersten Morgenstunden sind sicher verschieden. Man kann den Tag anfangen, ohne ihn eigentlich zu beginnen, kann hineinstolpern, gedankenlos, ohne Willen und Gebet. Man findet sich dann plötzlich darin vor, beim ersten Handgriff oder beim Morgengruß, ohne genau mitbekommen zu haben, wie es eigentlich geschah. – Nur: Tage, die so beginnen, sind eigentlich keine Tage, sondern nur Fetzen von Zeit, ohne Gesicht und ohne feste Form. Die Zeit fließt an uns vorbei, ohne daß sie von uns aufgenommen oder gestaltet wird.
Soll dieses gedankenlose Hineingleiten in den Tag vermieden werden, braucht es einen Anfangspunkt. Wir müssen den Beginn gestalten, müssen auf diese erste Tageszeit achtgeben, die Klinke der Tür, die in den Tag führt, bewußt in die Hand nehmen. Dies einfach deshalb, damit an dem Tag geschehen kann, was wir möchten. Gelingt uns dies nicht, bleibt die Zeit, die uns geschenkt wird, ohne Kontur und ohne persönliche Note.

1. Der Tag beginnt am Abend

Wie also die Morgenzeit gestalten? – Viel hängt schon davon ab, ob und wie es gelingt, den Fuß vor das Bett zu bringen, einigermaßen ausgeschlafen und munter in den Tag einzusteigen. – Morgenstimmungen sind gewiß nicht einfach machbar; noch weniger sind sie zu erzwingen. Dennoch sind wir ihnen nicht ganz auf Gedeih und Verderben ausgeliefert. Natürlich gibt es die je eigene Morgenschwere, spiegelt sich die Verschiedenheit der Temperamente gerade in der Weise, wie Tage begonnen werden. Die Morgenstunde ist nicht jedermanns Sache und hat nicht für jeden Gold im Mund. Es gibt – was Charaktere betrifft – den ausgesprochenen Morgenmuffel, für den sich die ersten Stunden eher wie Blei anfühlen, der, obwohl aufgestanden, einfach nicht vom Fleck kommt. Max Frisch, in einer Kritik an seinen Landsleuten, beurteilt den Schweizer als einen solchen Typus: „Die Schweizer stehen früh auf, erwachen aber spät." Unabhängig von möglicher nationaler Zugehörigkeit wird es immer solche Menschen geben, die vom Morgenrot lieber geweckt werden, als daß sie es selber wecken. Wie es die Bettflüchtigen gibt, die in den Tag stürzen, so auch die Langsamstarter.

Man wird solche charakterlichen Dispositionen für frühe oder späte Tagesstunden zur Kenntnis nehmen. Dennoch muß der Zeitpunkt, an dem die Tage für die einzelnen beginnen, nicht schlechterdings zur Schicksalsfrage des Charakters gemacht werden. Das bekannte Wort von Luther einfach zur Entschuldigung meiner Morgenmüdigkeit abzuwandeln ist unfair: „Hier liege ich und kann nicht anders."

Wo genau ein Tag beginnt, hängt nicht allein von unserem Charakter ab, sondern auch von unserem Wollen, vom bewußten Planen der Zeit, nicht zuletzt davon, wie die letzte Viertelstunde des Vortages aussieht. Wie wir einen Tag beschließen, so wird der folgende begonnen. Die Nacht, die dazwischen liegt, ist wie eine Brücke, über die vieles in den Morgen hinübertransportiert wird: Gedanken, Unbehagen, Ärger, Freude, Gefühle verschiedenster Art. Was wir uns am Vorabend unter das Kopfkissen legen, das dringt in die Tiefen unserer Seele ein, geht mit in den Schlaf, bleibt auf geheimnisvolle Weise mit uns verbunden. Es kann sich in den nächtlichen Stunden wieder verschieben, bleibt aber bestimmend sowohl für die Qualität des Schlafes wie auch für den Beginn des neuen Tages; gewiß nicht zwangsläufig oder in mechanisch notwendiger Weise. Manches, was wir uns abends zurechtlegen und ordnen, gerät durch chaotische Kräfte der Nacht oder durch die Träume wieder durcheinander; was wir gebündelt haben, ist am Morgen vielleicht zerstreut und zerrissen. Aber ganz verschwunden ist es nicht. Abendliche Gedanken sind wie Samenkörner, die in die Seele gesät werden, die in der Nacht geheimnisvoll wachsen und sich auf den kommenden Tag auswirken.

Nicht zuletzt hängt der Beginn des Tages auch an beruflichen Vorgaben, an Arbeitszeiten und Programmen. Vielleicht entsteht die fixe Meinung, man komme mit seinem Abendcharakter einfach nicht aus dem Bett, oft nur deshalb, weil zu wenig äußere Forderungen und Strukturen gegeben sind. Wenn es der Arbeitsprozeß verlangt, daß ich aufstehe, geht es. Und meist ohne großen seelischen Schaden und gar nicht schlecht.

2. Ein froher Gedanke an den Anfang

Ist es schließlich so weit, daß wir uns mit dem Gedanken des Aufstehens angefreundet haben, bleibt die Frage, wie und mit welchen Mitteln diese Morgenstunde aufbauend und sinnvoll gestaltet werden kann, welches die Übungen und die Gedanken sind, die in diesen ersten Stunden helfen? Ob es Überlegungen gibt, die am Morgen leichter gelingen als am Abend, sozusagen „morgenspezifische" Ideen? – Die Zeit nach dem Erwachen ist erfahrungsgemäß nicht eine Zeit tiefgründiger oder gar metaphysischer Überlegungen. Mit philosophischen Gedanken kommt man weder leichter aus dem Bett noch fröhlicher in den Tag. Freud bestätigt es, wenn er davor warnt, am Morgen die Frage nach dem Sinn des Lebens zu stellen. – Förderlicher und motivierender ist es hingegen, wenn wir uns durch etwas Musisches anregen lassen. Aurora musis amica. Ein paar Takte Musik, ein Blick auf ein schönes Bild, ein vertrautes Gebet. Man kann sich in Bewegung setzen, auf Touren bringen mit einigen Turnübungen, mit etwas frischem Wasser ins Gesicht. Außerdem herauszufinden, daß wir nach einem guten Kaffee besser beten und auch besser arbeiten, ist durchaus keine Schande.

Auf was sollen wir unseren Sinn richten? – In der Flut der vielen Ratschläge, die sich in der religiösen Tradition finden, kommt die Rede immer wieder auf die Güte, die Werthaftigkeit der Gedanken. Man solle, so schlägt etwa Ignatius vor, gleich nach dem Aufstehen die aufkommenden oder vorhandenen Einfälle auf eine gute Spur lenken; man solle dabei nicht zögern, sondern schnell und entschlossen sein, damit nicht umherschweifende und belastende Phantasien die Oberhand gewinnen können.[28] Man versuche, den schlaftrunkenen Geist auf solche Bilder hinzubewegen, die das Vertrauen ansprechen und es auch zu wecken vermögen; sowohl auf innere wie auf äußere. Der Geist, der noch frisch und aufnahmefähig ist, öffne sich für helle und schöne Dinge, damit er frei werde von den Mächten der Angst und der Schwere.

Solches Sich-Öffnen für gute und göttliche Gedanken ist deshalb wichtig, weil das, was für jede Art von Überlegungen gilt, auch für die morgendlichen Gedanken in Kraft bleibt. Sie machen das Feld aus, in dem unser Tag Wurzeln schlägt, sind der Ort, wo sich Entscheidungen und Taten vorbereiten. Sowohl das, was wir unternehmen, wie auch die Art und Weise, wie wir uns die Dinge begegnen lassen. Es ist deshalb nicht gleichgültig, welchen Überlegungen wir Raum geben. Diese sind nicht einfach wertneutrale Übungen oder gar eine Spielwiese, auf der man sich, ohne mit Folgen rechnen zu müssen, alles ausdenken kann. Mitten im bevorstehenden Tag werden sie Früchte tragen, je nach ihrer Art, gute oder schlechte.

Gedanken sind immer etwas mehr als etwas bloß Gedachtes. Sie tragen in sich eine verborgene Außenseite, streben zur Umsetzung und zur Verwirklichung. Mögen sie anfangs klein und unscheinbar sein, sie können doch Wurzeln schlagen, stark und schließlich zur Tat werden. Deshalb: „Achte auf deine Gedanken, sie sind der Anfang der Tat“ (aus China). – Dies gilt vor allem für den Morgen:

„Verabschiede die Nacht
mit dem Sonnenhymnus
auch bei Nebel, hol dir die ersten
Informationen aus den
Liedern Davids, den Psalmen,
dann höre die
Nachrichten und lies
die Zeitung –
beachte die Reihenfolge,
wenn du die Kraft
behalten willst,
die Verhältnisse zu ändern.“[29]

3. Ein Glanz vom ersten Schöpfungsmorgen

Es ist nicht ganz leicht, sich an das zu halten, was im vorausgehenden Gedicht vorgeschlagen wird: dafür zu sorgen, daß gute und heilsame Worte aus den Psalmen Vorrang haben. Da sind die Zeitungen oder die Nachrichten, die interessanter sind und sich schnell dazwischenschieben. – Bleiben wir Realisten. Es wird uns nicht immer und oft nur mit Mühe gelingen, hochmotiviert und mit einem spirituellen Gedanken den Tag zu beginnen. Es ist schon viel und auch eine Gnade, für die wir danken sollen, wenn wir es schaffen, unser Gemüt von mißmutigen Gefühlen freizuhalten, im Vorausblick auf das, was uns erwartet, nicht zu murren oder uns Unlustgefühlen zu überlassen. Die Morgenperspektive ist oft so getrübt und verkürzt,

daß wir die Dinge, die uns am Tag erwarten und auch erfreuen könnten, gar nicht sehen.
Mögen auch viele gute Vorsätze in der Morgendämmerung hängen bleiben, so bleibt die geistige Einstimmung in der Frühe doch ein Wert, der erstrebenswert ist. Der Tag braucht einen morgendlichen Schwerpunkt, damit seine Stunden und Minuten nicht spurlos im Winde verwehen; vor allem aber, damit wir selber genügend Stand und Selbstvertrauen gewinnen, um den Tag heiter und gelassen bestehen zu können. Was ist es, das uns mehr stärken und motivieren könnte als das Wort von der Liebe Gottes? „Gottes gedachte ich, und ich wurde froh" (Ps 77,4). Auch noch in den katerigen Morgenstimmungen soll es nicht vergessen werden, daß wir mehr wert sind, als wir so nebenbei zwischen Aufstehen und Zähneputzen von uns wahrnehmen: Wir sind mehr, als was wir von uns wissen können. Hinter dem Morgengesicht ist jenes Kind Gottes am Erwachen, das in uns schlummert und das in den Augen Gottes unendlich kostbar ist.
An jedem Morgen gilt es, diese göttliche Mitteilung von seiner Liebe zu vernehmen, innerlich sich daran zu erinnern, daß Gott mit einem unendlichen Interesse an uns festhält. Klänge es nicht zu pathetisch, könnten wir sagen, daß ein Schein des ersten Schöpfungsmorgens in die Dämmerung des anbrechenden Tages dringen sollte. Etwas von der jubelnden Feststellung, die Gott über seine Schöpfung sprach, sollte in den Tagesbeginn hineinfließen. „Und er sah, es war sehr gut" (Gen 1,31). – „Wach auf, mein Inneres, wach auf, du Leier, ich will wecken die Morgenröte" (Ps 57,9).[30]

4. Betender Vorentwurf des Tages

Ist es einmal so weit, daß wir ein Morgengebet wirklich wollen und uns die nötige Zeit eingeplant haben – wie soll

es nun geschehen und in die Tat umgesetzt werden? Wie wird der Tag in einer glaubenden Haltung begonnen?
Es soll ein Gebet werden, das nicht einfach schnell dahergesagt wird; in dem, was es berührt, soll es nicht nur im Augenblick des Morgens verweilen, sondern darüber hinausgehen. Seine Thematik erstreckt sich auf alles, was sich im kommenden Tag ereignet, auf näher und ferner Liegendes. Es ist wie das Anschlagen einer Tonschale, deren Klang sich auf alles Folgende ausweitet. Er schwingt hinein in die einzelnen Vollzüge, in das bevorstehende Gespräch, die mühsamen Stunden am Computer, bis in die vielen Sitzungen, die uns erwarten. Eigentlich sollten wir nach einem ausführlichen Morgengebet tagsüber niemandem begegnen, für den wir in der Frühe nicht gebetet haben und den wir deshalb nicht irgendwie schon kennen. Auch die Begegnungen, die nicht geplant und nicht vorauszusehen sind, gehören in die Sorge Gottes gestellt.[31]
Zudem brauchen wir bei diesem Vorausschauen auf den Tag durchaus keine Angst zu haben, ins Detail zu gehen. Wir können uns konkrete Situationen, die wir erwarten, ins Gedächtnis rufen und sie uns vorstellen, können und sollen uns fragen, wie wir es bei dieser oder jener Aufgabe anstellen werden, was wir zu sagen gedenken, wie und wo wir anknüpfen. Dabei liegt das Ziel nicht darin, die Pläne, die wir für den kommenden Tag haben, gedanklich zu organisieren oder sie innerlich schon auszuführen. Vielmehr geht es darum, das Vertrauen zu gewinnen, um ohne übertriebene Angst den Tag, der auf uns wartet, beginnen zu können; innerlich auch zu erspüren, ob das, was wir vorhaben, den Absichten Gottes entspricht.
All das entlastet und macht es in höchstem Maße verständlich, warum der Satz, der Anfang sei mehr als die Hälfte, gerade hier, bei der geistlichen Bewältigung eines Tages, gültig ist. Wer den Tag mit einem erneuerten Gottvertrauen beginnt, hat ihn schon halb gewonnen. Zu wissen, daß alles in der Sorge Gottes steht, daß nichts, aber

auch gar nichts uns zustoßen kann, was nicht von seiner Fürsorge gewollt und zugelassen ist, das entlastet und macht frei. Es gibt Gelassenheit und Zuversicht. Da wird es wahr: „Ich dachte an Gott und wurde dessen froh."

5. Der kleine erste Schritt

Wie etwa solche morgendlichen Gottesgedanken aussehen können, zeigt die „Kunst der kleinen Schritte", die Saint-Exupéry in einem Gebet so beschrieben hat:
„Ich bitte nicht um Wunder, Herr, sondern um die Kraft für den Alltag. Lehre mich die Kunst der kleinen Schritte. Mach mich findig und erfinderisch, um im täglichen Vielerlei und Allerlei rechtzeitig meine Erkenntnisse und Erfahrungen zu notieren, von denen ich besonders getroffen und betroffen bin.
Mach mich griffsicher in der richtigen Zeiteinteilung, schenke mir das Fingerspitzengefühl, um herauszufinden, was erstrangig und was zweitrangig ist.
Ich bitte um Kraft für Zucht und Maß, daß ich nicht durch das Leben rutsche, sondern den Tageslauf vernünftig einteile, auf Lichtblicke und Höhepunkte achte und wenigstens hin und wieder Zeit finde für einen kulturellen Genuß.
Laß mich erkennen, daß Träumereien nicht weiterhelfen, weder über die Vergangenheit noch über die Zukunft. Hilf mir, das Nächste so gut wie möglich zu tun und die jetzige Stunde als die wichtigste zu erkennen.
Bewahre mich vor dem naiven Glauben, es müsse im Leben alles glattgehen. Schenke mir die nüchterne Erkenntnis, daß Schwierigkeiten, Niederlagen, Mißerfolge und Rückschläge eine selbstverständliche Zugabe zum Leben sind, durch die wir wachsen und reifen. Erinnere mich daran, daß das Herz oft gegen den Verstand streikt.
Schick mir im rechten Augenblick jemand, der den Mut

hat, mir die Wahrheit in Liebe zu sagen. Gib mir das tägliche Brot für Leib und Seele, eine Geste deiner Liebe, ein freundliches Echo und wenigstens hin und wieder das Erlebnis, daß ich gebraucht werde.
Ich weiß, daß sich viele Probleme dadurch lösen, daß man nichts tut. Gib mir, daß ich warten kann. Ich möchte auch dich und andere immer aussprechen lassen. Das Wichtigste sagt man sich nicht selbst, es wird einem gesagt. Du weißt, wie sehr wir der Freundschaft bedürfen. Gib, daß ich diesem schönsten, schwierigsten, riskantesten und zartesten Geschäft des Lebens gewachsen bin.
Verleih mir die nötige Phantasie, im rechten Augenblick ein Päckchen Güte mit oder ohne Worte an der richtigen Stelle abzugeben. Bewahre mich vor der Angst, ich könnte das Leben versäumen. Gib mir nicht, was ich mir wünsche, sondern was ich brauche. Lehre mich die Kunst der kleinen Schritte“ (Antoine de Saint-Exupéry).

* * *

Gute Erfahrungen

Gebet vor dem Spiegel

Eine der ersten Begegnungen, die uns der Tag beschert, ist immer diejenige mit uns selber; meistens vor dem Spiegel.[32] *Wir wissen alle, daß wir dann nicht in der Hochform des Tages sind. Es gibt zwar bei Wilhelm Busch eine Bildergeschichte, die beginnt mit dem Vers: „Mit frischem Mute aus dem Bett – schwingt sich der Turner Hoppestedt.“ Aber wir kennen das ja auch anders. Das Gesicht, für das man etwas tun muß. Das erste Morgengebet besteht nun darin, daß ich mir in Ruhe sage: Dieser Mensch, den ich da im Spiegel sehe, ist ein von Gott geliebter und bejahter Mensch. Vielleicht frage ich mich in der ersten Morgenträgheit: Was ist an dem da schon liebenswert? Aber das ist meine Frage – nicht Got-*

tes Frage. Gott liebt uns nicht nur dann, wenn wir in Hochform, wenn wir einmal selber mit uns zufrieden sind. Gott liebt uns – wie wir sind. Und so nimmt er uns an. Diesen Gedanken, daß Gott mich liebt, soll ich morgens vor dem Spiegel so lange aushalten, bis ich ihm zustimme, bis ich dieses Gesicht im Spiegel annehme, ihm vielleicht ein bißchen Mut zuspreche oder gar zulächle.

Gebet mit der Zeitung

Für nicht wenige Menschen gibt es einen morgendlichen Zwist, der zwischen Beten und Zeitunglesen ausgetragen werden muß. Gut ist es gewiß, wenn die Psalmen und die Bibel einen besonderen Platz haben. Vielleicht aber kann auch das Gebet mit der Zeitung in der Hand ein wenig gelernt werden. Das erste, was ich in der Zeitung lese, sind meistens die Schlagzeilen, da erfahre ich, was wichtig ist – oder besser, was die Zeitung für wichtig hält. Dann lese ich hier einen Artikel und da einen; verfolge, wie sich die großen Streitigkeiten in der Welt weiterentwickeln: die Krise in Afrika, Stellenabbau, Fusion von Firmen. Wenn ich das alles gelesen habe, bin ich um Fragen und Sorgen reicher. Denke vielleicht: Was ist das für eine Welt, in der wir leben! Warum kann das nicht mit Vernunft geregelt werden? Aber ich lese auch von beherzten Taten, von guten Ideen, von erfreulichen Begebenheiten. Es ist die Wirklichkeit dieser Welt, der ich da gegenübertrete. Das Morgengebet beim Durchblättern der Zeitung besteht darin, daß ich das alles lese im Gedanken an Gott, an den ich glaube. Daß ich ihm so manches Rätselvolle anvertraue, daß ich ihn um Hilfe bitte, wo es sonst nicht weitergeht. Das ist eine Möglichkeit, Gott und die Wirklichkeit ernst zu nehmen, den Glauben und das Leben. Wenn wir beim Lesen der Zeitung an Gott denken, haben wir viel für die Verbindung von Glauben und Leben an diesem Tag getan.

Gebet mit dem Terminkalender

Da sehe ich, was ich heute alles tun muß, wen ich anrufe, wen ich treffe, was für Gespräche es heute gibt. Jeden Tag ist da manches, auf das ich mich spontan freue, anderes, was ich gern umgehen würde. Es gibt Gespräche, bei denen eine gute Verständigung nicht sicher ist. Der Terminkalender erinnert mich an die Menschen, mit denen ich an diesem Tag zusammenkomme. Es ist hilfreich zu denken, daß jeder dieser Menschen ein von Gott geliebtes Geschöpf ist. Ich soll diesen Gedanken so lange aushalten, bis ich ihm zustimme. Ich werde dann einen Menschen anders begrüßen, ihm anders zuhören, werde etwas von der Weisheit des Meister Eckehart verwirklichen: Der wichtigste Mensch in meinem ganzen Leben ist der, mit dem ich eben jetzt zusammen bin. Wenn ich so – im Blick auf den Terminkalender – an Gott denke, habe ich viel für meine Beziehung zu Gott und meine Mitmenschen an diesem Tag getan.

Bittgebet – Ärgernis und Testfall des Glaubens

Man mag mit vielen Gedanken, die bis jetzt erörtert wurden, einverstanden sein, mag große Strecken mitgegangen sein. Eine Wegkreuzung besonderer Art, an der sich auch die Geister scheiden, ist das Bittgebet. Es ist teilweise eine ärgerliche Provokation für unsere Gebetspraxis wie auch für unser Gottesbild. – Deshalb soll gleich mit einigen Bedenken und Schwierigkeiten begonnen werden.

1. Was dagegen spricht

Verschiedene Einwände erheben sich unmittelbar. Kritische Stimmen, die durch die gleiche Erfahrung verbunden sind. – Da sind vorerst diejenigen, welche die belastenden Fakten von unzähligen nicht erhörten Bitten ins Feld führen. Sie können vor sich ehrlichen Gewissens sagen, daß sie gebetet haben, laut, beharrlich, mit großem Vertrauen, und daß sie doch ohne Erhörung geblieben sind. Sie haben geschrien und ihre Herzen hineingegeben und darin verbrannt, aber keine spürbare Hilfe bekommen, ja, mehr noch, sie haben mit besten Absichten das Reich Gottes gesucht, waren bestrebt, in allem den Willen Gottes zu tun; sie haben die ganze ungerechte Welt vor Gott hingeschleppt, die geprügelten Kinder, die geschundenen und getöteten Flüchtlinge, und stehen nun doch da als solche, die vom Eindruck geplagt sind, es hätte nichts gefruchtet und nichts verändert. Mit resignierten Zweifeln, ob das Glück im Leben nicht doch eher ein Zufallstreffer sei und ob größere Gerechtigkeit nicht doch mehr durch energisches Zupakken, durch Einflußnahme auf die Schaltstellen der Großen als durch schwache Gebete zu bewerkstelligen sei.

Da sind noch andere Beter, die Bedenken und Einwände haben. Sie kommen mit der Bitte so lange zurecht, als es darin um wirklich geistige Dinge geht: um den Glauben selber, den wahren Geist von Frömmigkeit, die reine Absicht, den inneren Frieden. Sollen jedoch materielle, ja massiv handgreifliche Dinge vor Gott getragen werden, dann beginnen die Bedenken zu wachsen. Das tägliche Brot, so sagen sie, Examensnöte, die Migräne der Großmutter oder sogar das Wetter, nein, das gehört nicht vor Gott, sondern in die Zuständigkeit der Menschen. Geschieht es dennoch, daß Gott mit solchen Dingen angegangen wird, ist es für sie unausweichlich, daß sich peinliche Gefühle einstellen. Ist es nicht unangemessen, ja unverhältnismäßig, den großen und erhabenen Gott mit so kleinen und banalen Problemchen unseres Lebens zu behaften? Es ist eine Frage gerechter Zuständigkeit.
Eine dritte Gruppe von Betern hat Einwände gegen das Bitten selbst, genauer gegen das Gottesbild, das hier hereinspielt. Es ist nicht die Erfolglosigkeit der Bitten, die sie hindert, auch nicht die materialisierten Wünsche, die vor Gott hingetragen werden, sondern Gott selber, seine Ansprechbarkeit, seine „Flexibilität". Daß wir es mit einem Gott zu tun haben sollen, der nicht bloß in einem allgemeinen Sinn ansprechbar ist, sondern der mit sich reden läßt; einem Gott, der nicht bloß hören kann, sondern sich als „erhörlich" erweist; einer, der sich von einem menschlichen Schrei bewegen und von ihm treffen lassen will. Das ist in der Tat, was am allermeisten verwunderlich ist und in Staunen versetzt: Wir sind vor Gott zugelassen nicht allein als Knechte, die nach getaner Arbeit ihm noch danken und ihre eigene Nutzlosigkeit beteuern (Lk 17,19), nicht bloß als die Kinder, die sich seiner Liebe so sicher sind, daß sie es wagen dürfen, vor ihm ausgelassen zu spielen und sich seiner Gegenwart sorglos zu freuen (Mt 5,45). Nein, wir sind auch die Freunde, die vor Gott bitten dürfen. Und zwar mit einem Vertrauen, das an Zudringlichkeit kaum

zu übertreffen ist. So werden wir im Evangelium aufgefordert: „Gesetzt, einer von euch hätte einen Freund und ginge um Mitternacht zu ihm und würde ihm sagen: Freund, leihe mir drei Brote, denn einer meiner Freunde ist gerade von einer Reise bei mir eingetroffen, und ich habe nichts, es ihm vorzusetzen, – und jener gäbe ihm zur Antwort: Sei mir nicht lästig, die Tür ist schon geschlossen, meine Kinder sind mit mir zu Bett gegangen; ich kann nicht aufstehen, es dir zu geben. Ich sage euch: Wenn er schon nicht deshalb aufstünde und es ihm gäbe, weil jener sein Freund ist, so wird er sich doch wegen seines Drängens erheben und ihm geben, soviel er braucht. So sage ich euch: Bittet, und es wird euch gegeben werden" (Lk 11,5–9).

2. Je geistiger eine Kreatur, desto bedürftiger

Alle Bedenken, die man gegen das Bittgebet vorbringt, fließen in diesem letzten zentralen Punkt zusammen. Wie es denn möglich sein soll, daß Gott gebeten werden kann? Warum hat er es so gefügt, daß wir als Bittende zu ihm kommen dürfen? Warum sollen wir ihn nicht bloß im Loben und im Dankgebet ehren, sondern auch im Bitten? Also dadurch, daß wir mit größten und banalsten Dingen vor ihn hintreten? Was kann der göttliche Sinn sein, der in die menschliche Bitte gelegt ist?
Eines ist gewiß: Nicht deshalb werden wir zum Bitten aufgefordert, weil Gott etwa seine Freude darin fände, uns klein und gedemütigt zu sehen, weil er uns die Abhängigkeit und das Ausgeliefertsein an ihn spüren lassen möchte; so als ob es seine Absicht sein könnte, in uns Gefühle der Minderwertigkeit zu erzeugen. Unsere Bitten entstehen nicht aus einer von Gott forcierten Erniedrigung; schon eher dadurch, daß wir unsere Bedürftigkeit als etwas in uns entdecken, das zu uns gehört, als ein Stück der Wahrheit unseres Lebens.

Wahr und wesentlich werden! Dies allerdings bedingt, daß wir uns von vielem, was unser Leben entfremdet und nicht eigentlich zu uns gehört, befreien lassen müssen. Masken, die wir tragen, müssen abgelegt werden; falsche Sicherheiten, mit denen wir uns umgeben und die unser Bild verstellen, werden mit der Zeit zerstört. Wir werden in Prozesse inneren Ehrlichwerdens, der Reinigung hineingenommen, durch die viel vorgespielte Autonomie und falsche Unabhängigkeit zerbrochen wird und durch die schließlich die große Bedürftigkeit unseres Wesens an den Tag kommt. Bettler sind wir und nicht Könige! Solche, die ihre leeren Hände hinstrecken und um alles, was zu ihrem Leben gehört, bitten müssen: um ein bißchen Güte, um gute Worte, um Zeit und Zuneigung, um Gelingen überhaupt.
Bedürftig sein ist deshalb nicht eine Schwäche und auch kein Makel, der unser Wesen entstellen würde. Es gehört zu unserem geschöpflichen Dasein. Dies nicht nur deshalb, weil wir einen Leib haben, der in sich Wünsche und Bedürfnisse trägt, sondern auch und vor allem deshalb, weil wir geistige Wesen sind. Wie es die unübertroffene Formulierung von P. Henri de Lubac zusammenfaßt: „Je geistiger eine Kreatur, desto bedürftiger."
Weil solche Bedürftigkeit zu uns gehört, ist die Bitte auch eine Gebetsweise, die uns Menschen im Tiefsten entspricht. Sie ist weder eine „entwürdigende Kriecherei" (Kant) noch eine Entfremdung unseres Wesens. Strecken wir die Hände nach Gott aus, brauchen wir keine Angst zu haben, dabei eine schlechte Figur zu machen.

3. Die Würde des Ursache-Seins

Nun ist es gewiß ungenügend, das bittende Verhalten bloß negativ zu beschreiben, einfach zu sagen, was es nicht ist, und es vor falschen Interpretationen zu schützen. Warum will Gott, daß wir an seine Türe klopfen, wir als seine

Freunde auch seine Bittsteller werden? – Man wird die Absichten Gottes, die hinter der „Anordnung“ des Bittgebets liegen, am ehesten erahnen, wenn man bedenkt, was denn das Wesen seiner Liebe ist. In allem und jedem besteht die Zuneigung Gottes darin, daß er alles, was er besitzt, mit uns teilen möchte: sein Dasein, sein Schaffen, sein Lenken. Er möchte uns teilnehmen lassen an allem, was er mit unserem Leben vorhat, ehrt uns dadurch, daß er uns „die Würde des Ursache-Seins“ (Pascal) vermittelt. „Er, der uns ohne unsere Zustimmung erschaffen hat, will uns nicht ohne uns retten.“ (Augustinus)[33]
Dadurch, daß wir vor Gott Bitten formulieren, werden wir zu Mitgestaltern jener Zukunft, die Gott für uns vorgesehen hat. Denn das, was vor uns liegt und was uns erwartet, ist nicht einfach festgelegt, weder durch schicksalhafte Zwänge noch durch göttliche Vorausbestimmung. Was geschieht und was sich ereignet, kommt nicht nur von außen auf uns zu, sondern auch von innen. Was sein wird, beginnt in uns, in der Verborgenheit unserer Herzen, in unseren Wünschen und eben auch in unseren Gebeten. Die Art, wie wir die Dinge in unserer betenden Offenheit empfangen und deuten, ist mitbestimmend dafür, was sie sind und werden. Denn alle Wirklichkeit besteht nicht nur in Fakten, sondern auch in ihrer betenden Durchdringung und in der Sinnhaftigkeit, die wir in sie zu legen fähig sind. – An solcher Deutung unseres Daseins und unserer Zukunft ist das Bittgebet in hohem Maße beteiligt.

4. Die Bitte: Ein Imperativ der Liebe

Aber gehen wir nochmals zur Frage zurück, warum die Bitte zu uns paßt; warum sie unser menschliches Dasein auszeichnet. Warum soll es gar eine besondere Qualität sein, bitten zu dürfen? – Unwillkürlich und spontan empfinden wir ja doch eher das Gegenteil. Es ist für uns immer demütigend, andere, auch freundschaftlich verbundene Menschen um etwas bitten zu müssen, bei ihnen in Schuld zu geraten. Worin soll da ein Vorteil, eine Auszeichnung liegen?

Vielleicht müssen wir einmal genauer hinsehen, was sich da abspielt, wo Menschen einander um etwas bitten. Bedenken wir einmal, wo Bitten in unserem Alltag vorkommt, von welchen Gedanken es begleitet ist. Wir leihen bei einer Nachbarin das Auto aus, fragen Freunde, ob sie bereit wären, die Kinder für einen Abend zu hüten. Oder wir lassen Besorgungen machen. Wir überlegen dabei gewöhnlich zweimal, wen wir um was bitten können. Instinktiv merken wir, wie jede Bitte, je nach Gegenstand und Größe, ein besonderes Vertrauen voraussetzt. Gerade im Unterschied zum Dank, den wir gegenüber allen sozusagen problemlos sagen und aussprechen können. Für Dienste können wir ohne Überlegungen danken, jedoch nicht fraglos darum bitten.

Wagen wir es in der Tat, den anderen zu bitten, dann berufen wir uns bewußt oder unbewußt darauf, daß die Beziehung durch ein besonderes Vertrauen gekennzeichnet ist. Wir drücken eine besondere Ehrerbietung und Hochschätzung aus, trauen es dem anderen zu, daß er uns hilft, appellieren an seine Freiheit, an seine Liebe, die er für uns hat. Wir halten das bestehende Vertrauen für tragfähig genug, um das Geständnis der eigenen Angewiesenheit und Hilflosigkeit zu wagen.

Oder, um noch eine andere, weniger beachtete Erfahrung zu erwähnen: Vielleicht haben wir schon erlebt, wie eine Freundschaft in dem Augenblick in ein höheres Stadium getreten ist, da wir den Freund oder die Freundin erstmals um etwas zu bitten wagten; es ist nicht unwahrscheinlich, daß durch den Mut, eigene Bedürftigkeit einzugestehen und um etwas zu bitten, eine neue Nähe entsteht. Besonders dann, wenn mehr als bloß banale und unpersönliche Dinge erbeten werden: etwa gemeinsame Zeit, Rat in einer

Sache, in der wir allein keine Klarheit finden oder gar Vergebung.
Man kann in solchen Entwicklungen einer Freundschaft deshalb von einer höheren Ebene sprechen, weil ein Freund, der es wagt, sich angewiesen und bedürftig zu zeigen, einen großen Schritt des Vertrauens tut. Er stellt sich bloß, setzt sich aus, riskiert, daß seine Bitte abgelehnt oder er selber mißverstanden wird. Aber gerade das Risiko eines solchen Vertrauens ist ein Zeichen dafür, daß er nach einer größeren Nähe sucht. Die Spirale gegenseitigen Vertrauens dreht sich um eine Windung höher. Denn eine Beziehung ist genau so stark und solide, wie schwach sich der einzelne darin geben darf.
Diese zwischenmenschliche Auszeichnung einer Beziehung, die vor allem in Freundschaften sichtbar wird, gilt auch im übertragenen Sinne für das Gebet. Gott wird, wenn man so sagen darf, umso ernster genommen, je ganzheitlicher wir uns vor ihn bringen; je mehr wir ihm zutrauen, daß er unser Leben im Großen und im Kleinen führt und beschützt. Bloß allgemein sich vor ihm ergeben kann ein Ausdruck von unverbindlichem und faulem Glauben sein. So daß Helmut Thielicke ganz zu Recht einmal sagt: Du brauchst mir nur zu sagen, wie „erhaben“ dein Gott für dich ist, dann werde ich dir sagen, wie gleichgültig er dir ist.[34]

5. Bitte als Anfang der Tat

Neben der Schwierigkeit, sich in der Bitte mit der eigenen Bedürftigkeit konfrontieren zu lassen, bringt das Bittgebet ein zusätzliches Problem. Wo wir bitten, geraten wir fast automatisch in einen Verdacht. Ob wir uns dadurch nicht aus der Verantwortung stehlen? Ob wir auch ganz ehrlich sind, ob denn unsere Bitten (vielleicht ganz unbewußt) nicht oft herhalten müssen, um uns von dem, was wir tun sollten, innerlich zu entschuldigen oder uns gar

davon abzuhalten; ob wir uns dadurch, daß wir für andere zu beten versprechen, nicht leicht von dem Tun der Nächstenliebe dispensieren?
Daß in diesem Verdacht, daß die Bitte mißbraucht wird, eine reale Gefahr angezeigt ist, bleibt außer Zweifel. Man kann sich tatsächlich mit dem Beten leicht vor dem fälligen Tun drücken, kann dadurch gar faul und träge werden. – Eine solche Praxis des Betens ist gewiß bedauerlich, ja verwerflich; sie ist ein Gegenzeugnis von wahrer Frömmigkeit, entspricht nicht dem, was christliches Beten soll. Aber wie nach einem bekannten Wort der Mißbrauch die Qualität einer Sache nicht aufzuheben oder zu widerlegen vermag, so ist auch diese Entstellung von praktiziertem Bitten kein Grund dafür, das Bitten überhaupt zu verwerfen. Denn was im Bitten, ja in allen Formen des Gebets geschieht, ist alles andere als eine Dispensierung vom Tun. Wir werden von der Verantwortung für die Welt nicht weggeführt, sondern an einen Punkt hingeleitet, wo wir fähig werden, diese Verantwortung erst recht und entschieden zu übernehmen. Beten klärt und schärft den Blick für das, was uns geschenkt ist und was möglich ist. Es bereitet zum Handeln vor, ist bereits der Anfang der Tat.
Alles Tun entspringt nach einem alten Satz aus dem Sein. Agere sequitur esse! Wenn wir den Satz in unseren Zusammenhang stellen, heißt dies: Das Gebet erneuert uns in einer seinshaften Tiefe; es erwirkt eine umfassende Annahme unseres Daseins, ein Ja zum Hier und Jetzt, eine Versöhnung mit uns. Dadurch werden viele (oft auch unbekannte) Kräfte in uns frei, aus denen ein neues Handeln hervorgeht. – Psychologisch kann sich dies darin zeigen, daß wir befähigt werden, Dinge, die wir sonst immer vor uns hergeschoben haben, entschiedener anzupacken; daß wir Mut gewinnen, auch schwierige Aufgaben und Entbehrungen anzunehmen. Wir tun im Gebet sozusagen einen Schritt zurück, um mit gesammelter Kraft das, was zu tun ist, anzugehen.

Deshalb darf das Gebet, vor allem die Bitte, nicht einfach ein Versuch sein, Verantwortung abzuschütteln, oder eine Flucht, auf der man sich für das, was zu tun wäre, entschuldigt. Vielmehr entdecken wir im Gebet Handlungsmöglichkeiten, auch und gerade solche, die uns ohne dieses betende Suchen und Fragen entgehen würden. Deshalb gibt es nicht bloß die verbreiteten Fälle, in denen Menschen beten, *statt* zu handeln, sondern auch jene, in denen sie handeln, *weil* sie beten bzw. gebetet haben. Das Gebet läßt die Hände nicht in den Schoß legen, sondern macht sie zum Gebrauch fähig. Sie werden frei zum Segnen und zur Arbeit, zu allem, sofern es als gut und als Wille Gottes erkannt wird.

Beten – ein zweckfreies Tun

Gebraucht werden. – Es berührt uns gewöhnlich angenehm, wenn man in Not oder Bedrängnis an uns denkt; es schmeichelt uns ein wenig zu spüren, nützlich, ja gar wichtig zu sein. Unangenehm, verletzend wird es dann, wenn die Hilfe und die Dienste, die wir leisten, das einzige sind, was eine Beziehung ausmacht. Denn auch der Hilfsbereiteste will nicht einfach nur gebraucht werden; er will nicht bloß angesprochen werden, wenn Not ist, will nicht nur Pannendienste leisten und Löcher stopfen. Die Nachbarin, der man immer nur dann freundlich begegnet, wenn es darum geht, sie zu bitten, in den Ferien die Blumen zu gießen oder die Katzen zu füttern, wird sich in ihrem Stolz getroffen fühlen. Mit Recht! Sie wird ihrer Selbstachtung und Würde Nachdruck verschaffen. Bloße Feriendienste, sonst nichts ..., keine Einladung, kein Fest – nein, das ist zuwenig!

1. Wenn Gott stolz wäre

Ähnlich wie es zwischen Menschen geschieht, kann es uns auch im Gebet ergehen. Genauer gesagt: Es könnte! Auch Gott könnte sich beleidigt fühlen, wenn er nur als Lückenbüßer oder als Erfüllungsgehilfe für unsere egoistischen Wünsche herhalten muß. Ja, er könnte! Aber nur unter der Voraussetzung, daß er, ähnlich wie wir, stolz wäre. Aber Gott ist nicht stolz. Zu unserem Glück. Es gehört zu seiner Demut, daß es ihm unmöglich ist, uns aus einer Verletztheit heraus abzuweisen. Er bleibt für unsere Bitten offen, auch dann, wenn sie aus unvollkommenen Motiven heraus kommen. Er ist sich nicht zu gut, dem zu helfen, der erst da an seine Türe klopft, nachdem er alles andere umsonst versucht hat. – Zwar ist es Gott nicht gleichgültig, was und welche Motive uns zum Beten treiben. Ob es drängende Not ist oder ob uns Liebe zu ihm hinbewegt, ob wir nur in schlechten oder auch in guten Tagen zu beten versuchen. Er wird uns erhören, wohl nicht ohne Bezug auf die Beharrlichkeit und Intensität, mit der wir zu ihm beten. Dennoch bleibt er in dem, was er für uns gelingen lassen will, souverän und frei.

Wohin solche Überlegungen zielen? – Es gibt ein Gesetz, dem alle Beziehungen zwischen geistigen Wesen unterliegen und folgen. Personen, die miteinander in Kontakt stehen, sind immer von einem außerordentlichen, ja unendlichen Wert; sie tragen in sich eine Kostbarkeit und eine Bedeutung, die weit über das hinausgeht, wozu sie einander nützlich sind. Deshalb: Wo wir uns vertrauend an Gott wenden, dürfen und sollen wir nicht vergessen, daß unser Beten nicht nur darin bestehen soll, vor Gott zu bitten. Es mag dies zwar die Weise sein, die unserem bedürftigen Wesen, unserem Bettlerdasein am besten entspricht. Das Hinhalten der offenen Hand, in der unsere Armut zum Ausdruck kommt, ist uns gewiß auf den Leib zugeschnitten. Es mag die ursprünglichste Weise von Beten sein, soll aber dennoch nicht die einzige bleiben. Denn Gott, der die kleinste Bitte nicht verachtet, ist viel und weit größer als das, worum wir ihn bitten. Er ist uns nicht nur nahe, damit wir von ihm Dinge erreichen und vor ihm Zwecke realisieren können. Er ist mehr und anderes als das, wozu er dienlich ist, mehr als nur eine Funktion unserer Bedürfnisse.

Deshalb sollte in allen Gebetsweisen, auch in der Bitte, ja sogar in der Klage, etwas von dieser unbedingten Achtung vor dem unverfügbaren Gott mitschwingen. Eine Würdigung um seiner selbst willen, ein Ja ohne Absicht, eine Preisung, die nicht berechnet. Je freier das Gebet von solch unmittelbarer Zweckdienlichkeit ist, desto stärker ist es von der Liebe geprägt, desto mehr ist es auch das, was es sein soll: ein „zweckfreies Tun vor dem unverzweckbaren Gott“ (Ferdinand Ulrich).

2. Gegen frommen Leistungsdruck

Zu erfahren, es gehe im Gebet nicht in erster Linie darum, Ziele zu realisieren, oder gar darum, bei Gott mit eigenen Anstrengungen etwas durchzubringen, das macht das Beten leichter und zugleich schwerer. – Was uns Mühe macht und im Innersten widerstrebt, ist die Vorstellung, etwas ganz Zweckfreies tun zu sollen; einzusehen, daß ein Verzicht auf Leistung angezeigt und vernünftig sein soll. Das fällt uns heutigen Zeitgenossen gewiß nicht leicht. Es widerspricht uns einfach im Tiefsten der Seele, uns die Güter des Lebens nicht selber „im Schweiße unseres Angesichtes“ zu verdienen. Immer sind wir zu Leistungen getrieben, müssen Resultate vorweisen. Nichts kann uns geschenkt werden, so meinen wir.

Es ist dieser Druck, der das ganze Lebensgefühl bestimmt und bis tief ins religiöse Empfinden hineinreicht; er macht es schwer zu verstehen, daß es so etwas gibt und geben soll wie „zweckfreies Beten“: vor Gott Zeit verlieren, mit leeren Händen vor ihm dasein, keine Resultate vorweisen müssen. Man spürt, wie unser Geist sich dagegen wehrt, wie bei diesem Gedanken die Seele sich dagegenstemmt und unruhig wird.

Andererseits liegt im unverzweckbaren Gebet auch eine Chance, ein Trost und eine Aussicht. Wie befreiend ist es doch zu vernehmen, daß es in unserem Beten nicht darauf ankommt, ob etwas herauskommt oder ob wir etwas schwarz auf weiß nach Hause tragen können. Wir brauchen weder vorzeigbare Ergebnisse noch feststellbare Veränderungen, die beweisen können, daß unser Beten vernünftig und gut ist.

Gewiß ist es nicht gleichgültig, ob wir im Beten Fortschritte machen und ob wir dadurch zu besseren Menschen werden. Wenn wir aufrichtig beten, werden wir gewiß auch menschlich vorankommen. Solche Früchte werden sich zeigen, auch wenn sie nicht immer gleich greifbar sind. – Wie Beten von frommem Leistungsdruck befreit, hat Franz Jalics eindrücklich beschrieben: „Wir brauchen nichts zu erreichen. Der Leistungsdruck, das Machen-müssen oder Machen-sollen bringt Angst und Bedrängnis ... Wichtig ist, nichts beurteilen und nichts verändern zu wollen, sondern alles so aufzunehmen, wie es sich uns offenbart ... Alles, was da ist, darf da sein ... Wir lassen alles so stehen, wie es ist. Wir suchen auch keine Kenntnisse und betrachten nicht: Wir schauen.“ [35]

3. Gedanken machen es nicht aus

Eine spezielle Form von Leistungsdruck, wie er im Gebet spürbar werden kann, ist die Meinung, intensiv nachdenken zu müssen und möglichst tiefe Zusammenhänge zu erfassen. Eine solche Auflage, die im Grunde wenig mit dem Wesen des Gebets zu tun hat, ist bedrückend und macht es auch verständlich, daß unter dieser Voraussetzung beim Betenden keine oder nur wenig Freude entstehen kann; wo der geheime Zwang herrscht, möglichst viele Themen vor Gott durchzudenken und abzuhandeln, da ist es schwer möglich, daß „die Freude an Gott zu unserer Stärke“ (Neh 8,10) wird. Die Gedanken allein machen es einfach nicht aus. Oft sind sie von kraftloser Blässe, die einen weder zu erleuchten noch zu trösten vermögen. „Das ständige Anschauen meiner Probleme“, so schreibt eine mir bekannte Frau, „darüber nachzudenken, auch im sogenannten Gebet, hat's nicht gebracht. Sich fallen lassen in Gottes Arme, dann alles loslassen an schweren und bedrückenden Gedanken, einfach nur dasein, umgeben von den heilenden Kräften in Gottes guter Schöpfung, das beruhigt, heilt, macht froh.“

Gewiß hat Beten auch mit Denken zu tun; es geht von ihm aus, behält darin seine Wurzeln. Dennoch bleibt es bei aller Verbundenheit von ihm verschieden. Es besteht nicht darin, daß in ihm große Gedanken über Gott und seine Vorsehung entwickelt werden; vielmehr geht es darum, daß das Vertrauen darauf, daß durch Gottes Hilfe alles gut wird, wächst und sich ausdehnt.
In diesem Bemühen, die ganze menschliche Existenz Gott zu überlassen, spielt der Verstand gewiß eine große Rolle. Er zählt ohne Zweifel zu den erhabenen Gaben, mit denen Gott den Menschen ausgestattet hat. Aber auch er, wie die anderen Gaben des Geistes, ist in seiner Leistung beeinträchtigt und liegt im argen. Oft trägt er in sich einen Zug zur Selbstmächtigkeit, hat leicht einen Hauch von Rechthaberei um sich. Es ist ihm eigen, das Beten zu befragen und es auch zu kritisieren. Nicht nur dadurch, daß er immer wieder so scheinbar vernünftige und logische Gründe vorzubringen weiß, mit denen geistliche Unwilligkeit oder auch Faulheit entschuldigt wird. Sein Einspruch geht noch weiter: „Auf Autonomie bedacht, beugt er sich nur schwer fremden Einsichten, wacht eifersüchtig über die geistige und materielle Unabhängigkeit. Immer steht er im Dienste der Bewahrung des eigenen Selbst, stützt und fördert alle Vorkehrungen, mit denen wir das Leben in eigene Regie nehmen. Er hilft alle Umstände zu meiden, durch die wir in Abhängigkeit geraten könnten. An seiner Wurzel liegt etwas eigenartig Hochmütiges, das es uns verbietet, uns in irgendeiner Weise auszuliefern oder uns helfen zu lassen."[36]

4. „Gott existiert" – ob das genügt?

Es ist mehr als wahrscheinlich, daß da, wo solch hochmütiges Denken uns beherrscht, das Beten schwerlich gelingen kann. Durch die Weigerung, Hilfe anzunehmen, uns ein tröstliches Wort sagen zu lassen, schließen wir uns automatisch ab. Wir verbauen uns eine mögliche, ja sogar die entscheidende Hilfe. Denn, schauen wir genau hin: Was uns in Engpässen und in erfahrenem Leid bedrückt, sind nicht allein die „objektiven" Sorgen, die traurigen Fakten, die uns niederhalten; es ist gewiß der weggelaufene Sohn, der einer Mutter schlaflose Nächte bereitet; die Nachricht von einer unheilbaren Krankheit, die uns ins Grübeln bringt. Was zu diesen niederdrückenden Mitteilungen noch dazukommt, ist die innere, vielfach auch äußere Unmöglichkeit, diese Sorge mit jemandem zu teilen. Sie kann bedingt sein durch seelische Barrieren oder durch Stolz, der uns hindert, uns jemandem anzuvertrauen. Oder aber einfach durch das Fehlen eines freundschaftlichen und mitfühlenden Herzens.

„Werft alle Sorgen auf den Herrn" (1 Petr 5,7). Ja, wenn wir es nur könnten, wenn wir es nur besser verstünden, uns aus einem oft selbst verursachten Zirkel der „Sorge um die Sorge" zu lösen und die Lasten in einem Elan des Vertrauens abzuwerfen. Aber das kontrollierende Kreisen unseres Verstandes wie seelisches Unvermögen hält uns im Griff.

Man muß solche Schwierigkeiten des Betens, die den eigenen Mangel an Vertrauen aufdecken, gegenwärtig haben, um die Herausforderung eines Textes wie des folgenden zu spüren. Erst das Wissen um die Wurzeln unseres störrischen Verstandes läßt uns verstehen, weshalb es uns so schwer fällt, solche Höhen des Gebets nachzuvollziehen, wie sie Franziskus beschreibt. Die selbstherrliche Regie, die wir über unser Leben führen, die zähe Tendenz, alles zu unserem Vorteil zu verzwecken, macht uns unfähig, uns in solcher Radikalität loszulassen, wie sie hier beschrieben wird. Zu wenig noch liegt das Zentrum unseres Lebens in Gott allein, zu wenig sind wir von seiner Wirklichkeit angerührt, als daß wir fähig wären, von uns ganz wegzuschauen, uns über uns selbst hinausheben zu lassen.

„‚Ach, Bruder Leo, glaub mir, kümmere dich nicht so sehr

um die Reinheit des Herzens. Sieh auf Gott. Bewundere ihn. Freu dich, daß es ihn gibt, ihn, den ganz und gar Heiligen. Dank ihm um seiner selbst willen. Eben das, mein kleiner Bruder, heißt ein reines Herz haben.
Und wenn du dich so Gott zugewandt hast, wende dich vor allem nie auf dich selbst zurück. Frag dich nicht, wie du mit Gott stehst. Die Trauer darüber, daß man nicht vollkommen ist und daß man den Sünder in sich entdeckt, ist ein noch menschliches, ein allzu menschliches Gefühl. Du mußt den Blick höher, viel höher heben. Es gibt Gott, es gibt die Unendlichkeit Gottes und seine unwandelbare Herrlichkeit. Ein Herz ist rein, wenn es nicht abläßt, den lebendigen und wahren Herrn anzubeten... Ein solches Herz ist zugleich leer und übervoll. Daß Gott Gott ist, genügt ihm. Aus dieser Gewißheit schöpft es all seinen Frieden und all seine Freude. Und die Heiligkeit eines Herzens, auch die ist dann nichts anderes als Gott.' – ‚Aber Gott verlangt, daß wir uns bemühen und ihm treu bleiben', wandte Bruder Leo ein. ‚Gewiß, aber die Heiligkeit besteht nicht darin, daß man sich selbst verwirklicht, und besteht nicht in der Erfüllung, die man sich selbst verschafft. Heiligkeit ist zuerst einmal Leere, die man in sich vorfindet, die man akzeptiert und die Gott in eben dem Maße ausfüllt, in dem man sich seiner Fülle öffnet.'
‚Sieh, unser Nichts wird, wenn wir es akzeptieren, zum leeren Raum, in dem Gott aber noch als Schöpfer wirken kann. Der Herr läßt sich seinen Ruhm von niemandem streitig machen. Er ist der Herr, der einzigartige, der allein Heilige. Aber er nimmt den Armen bei der Hand, zieht ihn aus seinem Elend und setzt ihn zu den Fürsten seines Volkes, auf daß er Gottes Herrlichkeit schaue. Gott macht sich zum Himmel über seinem Herzen.'
‚Bruder Leo, die höchste Forderung jener Liebe, die der Geist des Herrn unablässig in unsere Herzen einflößt, lautet: Sich in die Herrlichkeit Gottes betrachtend versenken; staunend entdecken, daß Gott Gott ist, in alle Ewigkeit

und über alles hinaus, was wir sind und sein können; sich von ganzem Herzen freuen, daß er existiert; sich für seine ewige Jugend begeistern; ihm danksagen um seiner selbst und um seiner nie versagenden Barmherzigkeit willen. Das heißt, ein reines Herz haben. Aber zu dieser Reinheit kommt man nicht dadurch, daß man sich plagt und abrakkert.' – ,Wie denn?' fragte Bruder Leo. ,Sich selbst einfach aufgeben. Nichts behalten wollen. Auch das eigene Elend nicht mehr unter die Lupe nehmen. Reinen Tisch machen. Die eigene Armseligkeit akzeptieren. Alle Last abwerfen, sogar die Last unserer Fehler. Sich nur noch die Herrlichkeit des Herrn vor Augen halten und sich ihrer Strahlung aussetzen. Gott existiert, das genügt. Dann wird das Herz leicht. Es fühlt sich selbst nicht mehr, wie die Lerche, die glückstrunken im Blau des weiten Himmels schwebt. Das Herz hat alle Sorgen, alle Unruhe von sich getan. Sein Verlangen nach Vollkommenheit hat sich in ein einfaches, reines Ja zu Gott verwandelt.'"[37]

5. Wer zuviel fordert, bekommt nichts

Alles Beten trägt in sich eine Dimension solcher Unverzweckbarkeit. Es gehört zu den Dingen und Vollzügen des Lebens, die, vom Ertrag her gesehen, wenig einbringen. Weder Reichtum noch Karriere, weder Erfolg noch soziales Prestige. Es bleibt deshalb verständlich, wenn wir immer wieder versucht sind, es als überflüssig, als reine Zeit- und Kraftverschwendung zu betrachten. –
Wir können Beten als ein folgenloses und unfruchtbares Tun betrachten, können jede zweckfreie Tätigkeit (auch Dichtung und Philosophie) als zweitrangig und als für die Lebensqualität unerheblich abtun. Trotzdem wird es uns nicht erspart bleiben, die Grenzen dieser Leistungsgesellschaft zu berühren und uns mit ihnen auseinanderzusetzen. Vor allem da, wo diese sich totalitär gebärdet. Die

Erfahrung wird es aufdecken: Nicht alles, was für das Leben wichtig ist, ist zu machen, auch nicht mit zähesten Anstrengungen. Nicht alles ist zu kaufen, auch nicht mit noch so großzügigen Geldern: nicht das Geschenk von Vertrauen, nicht die Gunst einer Freundschaft, nicht die Schönheit eines Herbstwaldes, am wenigsten eine grundlos geschenkte Liebe. „Die kostbarsten Güter soll man nicht suchen, sondern erwarten. Denn der Mensch kann sie aus eigenen Kräften nicht finden, und wenn er sich auf die Suche nach ihnen begibt, findet er statt ihrer falsche Güter, deren Falschheit er nicht zu erkennen vermag!"[38]
Die Erinnerung daran, daß es im harten Sich-Mühen um hohe Ziele, inmitten streitender Konkurrenz, die nicht verdienbare Gnade gibt, hat Günter Grass in einem genialen Zweizeiler festgehalten: „Tour de France: Als die Spitzenfahrer von einem Zitronenfalter überholt wurden, gaben viele Fahrer das Rennen auf!"
Ein kleiner Falter genügt, um in Erinnerung zu rufen, wie widersinnig, ja lächerlich es ist, alles mit Schwitzen erringen zu wollen. Nicht jedes Ziel ist zu erkämpfen, und nicht jeder Zweck ist letzten und größten Einsatzes würdig. Auch nicht das gelbe Trikot, auf das die Farbe des Zitronenfalters hinweist. An der Leichtigkeit dieses Schmetterlings wird uns deutlich, daß gewisse Ziele unseres Daseins erst da zu gewinnen sind, wo wir sie uns schenken und zuspielen lassen.
Vielleicht verhält es sich im Leben tatsächlich so, daß uns die Erfüllung letzter Wünsche erst da zuteil wird, wo wir sie weder fordern noch unbedingt begehren. So als ob Gott manche, gerade die kostbarsten Güter reserviert oder dazu bestimmt hätte, daß sich in ihrem grundlosen Geschenktsein seine Liebe ganz ausdrücken und darstellen kann. Solche Gaben werden uns zugespielt nicht als Antwort auf eine beharrlich vorgetragene Bitte und nicht als Erfüllung langgehegter Wünsche, sondern einfach so, als Überraschung der überfließenden Liebe Gottes.

Wir können uns im Blick darauf, was unser Leben bereichern kann, mit einem allzu entschiedenen Wollen den eigenen Weg verbauen. Um solche Geschenke, die uns aus grundloser Liebe zukommen, empfangen zu können, braucht es das absichtslose Warten. Sind wir in unseren Vorhaben zu stark fixiert, in unseren Gefühlen der Erwartung zu festgefahren, kann uns oft gerade das nicht zuteil werden, was uns am meisten not täte und was uns Frieden bringen könnte. Ein zu großes Maß an Absicht verhindert unter Umständen zu sehen, was für uns gut ist. Wer zu aufdringlich fordert, wird blind für andere Möglichkeiten – und erhält meistens nichts! – Damit ist nicht gesagt, daß wir uns im Beten zu willenlosen Geschöpfen entwickeln sollten. Zu klar ist bis jetzt schon geworden, daß wir als Betende sowohl das Recht wie die Gnade bekommen haben, uns mit all unseren kreatürlichen Anliegen vor Gott auszusprechen. Der Gedanke von der zweckfreien Haltung ist nicht gegen den Willen als solchen gerichtet, sondern nur gegen seine Sturheit und Hartnäckigkeit.[39]

Wie das Gesagte zusammenfassen? Aus dem Glauben heraus sind wir berufen, Kinder Gottes zu werden, die, wenn sie sich zum Beten anschicken, vor Gott singen und spielen dürfen. Ohne uns rechtfertigen zu müssen, ohne etwas vorzuleisten oder getan zu haben. Andererseits sind wir auch Kinder unserer Zeit, denen das Leistungsdenken tief ins Herz und in den Geist geschrieben steht. Du bist das, was du leistest. Es wird nicht darum gehen können, den Kampf dieser beiden Prinzipien von Leistung und Gnade einseitig zu entscheiden. Nur darum, den Primat der Gnade, das Kindsein vor Gott, an die erste Stelle zu setzen. „Betet ihr, macht euch keine Sorge, euer Vater im Himmel weiß, was ihr braucht" (Mt 6,25ff). In der Tat: Wir beten zu einem Vater; was anders ist uns aufgetragen, als seine Kinder zu werden, gerade durch das Gebet?

Jeder trage des anderen Last

Was können Menschen füreinander tun? Welche Mittel sind ihnen gegeben, um einander das Leben zu erleichtern? – Es sind nicht wenige. Mit ganz einfachen Dingen fängt es an. Freundliche Worte, die zwischen Verwandten und Bekannten gewechselt werden, Dienste, die man einander leistet, wenn Bedarf und Not da sind. Nicht zuletzt sind es auch die Gebete, die man füreinander verrichten kann. Diese bleiben umso glaubwürdiger, als sie durch konkrete Taten der Nächstenliebe gedeckt sind.

1. Wenn Fürbitte unmöglich wäre

Was es mit der Fürbitte auf sich hat, welche Herausforderung, aber auch welche Gnade in ihr liegt, das dringt in unser Bewußtsein eigentlich erst dort, wo es um Leben und Tod geht, wo geliebte Menschen in große Gefahr geraten. –

Überdeutlich ist mir diese Wahrheit jüngst in Erinnerung gerufen worden. Im Genuß letzter Ferientage trifft mich plötzlich die Nachricht, eine Nichte, eine junge, lebensprühende Frau, habe einen bösartigen Tumor. Eine große Operation stünde bevor. – Mit einem Schlag waren die Ferien zu Ende; die Sonne vermochte mich nicht mehr zu erfreuen, das Meer hatte seinen Reiz verloren. Ja, mehr noch: Irgend etwas trieb mich vom Ferienplatz weg. Ich suchte nach einer Kirche, mußte das „ewige Licht" vor mir haben, einen ausdrücklichen Ort des Gebets, der mir versicherte, daß Gott wirklich und konkret anwesend ist. Ich mußte ganz gewiß sein können, daß Gott nahe, leibhaftig, sozusagen zum Anfassen vor mir ist, damit ich laut und ernst in dieser Sache mit ihm reden konnte.

Es war eine Erfahrung, die mich einmal mehr ins Nachdenken brachte: über die Zerbrechlichkeit unseres Lebens, die Undurchschaubarkeit göttlicher Fügungen, vor allem aber auch über die Möglichkeit, füreinander beten zu können. Wo Menschen, die einander nahestehen, in Not und Gefahr geraten, da drängen sich die Klagen wie die Fürbitten von selbst auf. Mitansehen zu müssen, wie ein junges Leben in seinen Grundfesten bedroht wird, das ist eine unerträgliche Qual. Sie gleicht den Empfindungen von Eltern, die ihr Kind über einem Abgrund spielen sehen, es weder mit Zurufen erreichen noch durch Zeichen schützen können. So unerreichbar fern ist es. Eine solche Erfahrung wird zur seelischen Zerreißprobe, die uns dazu treibt, nach letzten und äußersten Möglichkeiten der Hilfe Ausschau zu halten.[40]

Wie mit solchen Gefühlen der Ohnmacht umgehen? Fromme Menschen beginnen ihr Beten zu intensivieren; aber auch andere, die weniger oder kaum mit Gottes Hilfe rechnen, halten Ausschau, ob es eine Hilfe gäbe. Sie beginnen zu beten, ohne sich um die Widersprüche und Ungereimtheiten zu kümmern, in die sie sich dadurch verwickeln. – Wie sich an Gott wenden in einer Sache, die selbst am meisten gegen ihn zu sprechen scheint? Wie denjenigen zu Hilfe rufen, der verdächtigt wird, das Unheil verursacht oder es zumindest nicht verhindert zu haben? Das Leid bleibt der „Fels des Atheismus" (Georg Büchner), an dem die Behauptung, Gott meine es gut mit uns, am schnellsten zum Scheitern verurteilt zu sein scheint. Wie an diesem Felsen vorbeikommen und an ihm vorbeibeten?

Achten wir darauf, wie unser Herz auf so unermeßliche Not reagiert, so scheint es, daß es sich aus innerer Notwendigkeit heraus einen Weg zum Beten bahnt. Selbständig an diesem Felsen vorbei, ohne auf Selbstwidersprüche oder theoretische Einwände zu achten. Ob es Gott gibt, ob er selbst vielleicht das Unglück zugelassen hat, ist jetzt, in dieser bestürzenden Not, nicht die Frage. Ob er überhaupt helfen kann, ist nicht jetzt zu entscheiden. Er muß. Es scheint gar nicht möglich zu sein, daß eine so große Klage, daß so viel wehrloses Bangen kein gnädiges Ohr findet. Für einen lieben Menschen, der vom Tod bedroht ist, nicht beten zu können, vermag man kaum auszuhalten. Es ist nicht mehr Pflicht der Nächstenliebe, nicht nur ein Bedürfnis, sondern purer Zwang, der einen überkommt. Man muß beten, und man betet, in der Kirche und in seiner Kammer, am Tag und bei Nacht. Vermag man auch kaum noch wahrzunehmen, wie und wo Rettung möglich sein soll, man hört doch nicht auf, daran zu glauben und darauf zu hoffen.

Für andere beten können, weil große Not keinen anderen Ausweg mehr offen läßt! Die Hände sind gebunden. Mag man ob solcher Wehrlosigkeit zürnen, vielleicht ist es gerade der Schmerz, der es uns als Gnade begreifen läßt, die Hände noch falten zu können. Ist es nicht noch eine besondere Geste der Barmherzigkeit Gottes, uns in der totalen Ohnmacht nicht untätig und allein zu lassen?

2. Keiner rettet sich allein

Ist unser Herz von bedrängender Not getroffen, vermag es Dinge wahrzunehmen, die ihm sonst entgehen. Zusammenhänge, die unter normalen Verhältnissen im Dunkeln bleiben. Öfters ist es solchen Zeiten der Not vorbehalten, daß sie uns zu sehen befähigen, wie und in welcher Tiefe wir miteinander verbunden sind. Ich denke nicht nur an die Tatsache, daß Erkrankungen öfters Auslöser sind, daß sich Nachbarn oder schon ferngeglaubte Freunde wieder melden. Es ist etwas Fundamentaleres, das es zu entdecken gilt. Daß wir nämlich alle, nicht nur mit unseren Gedanken, sondern mit unserem ganzen Dasein, tief miteinander verbunden sind; daß es Verbindungen und Zugänge zueinander gibt, unterirdische Gänge, die auch dann noch begehbar sind, wenn sprachliche Verständigung aussetzt oder äußere Zeichen fehlen.

Es gehört wohl zu den barmherzigen Anordnungen Gottes, daß er uns da, wo menschliche Kommunikation abgerissen oder sonst verunmöglicht ist, nicht trauriger Vereinzelung überläßt. Er hat uns in solcher Tiefe miteinander verbunden, daß wir auch in Zeiten äußerer Trennung nicht voneinander geschieden werden können. Keiner soll und muß allein seine Bahnen ziehen, keiner rettet sich alleine. Nicht der Kartäuser, mag er sich noch so sehr in die Einsamkeit zurückziehen; nicht der Single, der allein auf seine Selbstverwirklichung setzt.

Von dem Moment an, da wir uns dieses inneren Zusammengehörens bewußt werden, nimmt auch das Gebet eine andere Form an. Wir sind nicht alleine. Betend werden wir gewahr, daß wir hineingenommen sind in eine Bewegung von vielen. Es sind unzählige, Lebende und Verstorbene, die mit und für uns beten, die uns auch dann noch tragen und weiterziehen, wo wir geistlich blockiert sind und keine Worte des Vertrauens mehr finden.

Es mag pathetisch klingen, mag uns ziemlich unwahrscheinlich vorkommen, wenn wir hören, im Gebet des einzelnen gehe es immer um die ganze Welt. Alles sei hier einbezogen, die ganze Natur, alle Menschen insgesamt und ohne Ausnahme. Es mag dies wie eine Übertreibung erscheinen, und trotzdem liegt hier ein tiefer Wahrheitskern. Wer im Sinne Jesu betet, läßt sich für alle öffnen, engagiert sich mit seinem Herzen für die ganze Welt. Keiner soll im Gebet vergessen oder gar willentlich ausgeschlossen werden. Es ist nicht von ungefähr, daß im Vaterunser, dieser knappsten Anzeige, wie Jesus sein Beten verstanden haben wollte, das Wort „Ich" nicht vorkommt. Auch noch im innersten Kämmerchen des Herzens, wo ich alleine bete, sage ich: „Vater unser" … „unser tägliches Brot" … „vergib uns unsere Schuld".

Was Charles Péguy von der universalen Hoffnung sagt,

läßt sich mit Fug und Recht auf das Gebet übertragen. Zumindest was seine Weite betrifft. Alle müssen ins Gebet, in diese große Bewegung der Hoffnung mit hineingenommen werden. Péguy tat sich schwer mit dem Gedanken, daß jemand draußen bleibt, daß es ein letztes Glück geben könnte, an dem nicht alle beteiligt wären. Damit jeder – so seine Logik – sich ganz und ohne Abstriche freuen kann, müssen alle dabeisein. Würde nur einer fehlen, und wäre es der Geringste, wäre dadurch die Freude des einzelnen getrübt. Sie wäre nicht vollkommen, wäre nicht umfassend, nicht so, wie sie uns versprochen ist: „Dies habe ich euch gesagt, damit meine Freude in euch ist und damit eure Freude vollkommen wird" (Joh 15,11). – Zur Vollendung der Freude des einzelnen gehört die Freude aller, so Péguy.
Von daher ist das unverhohlene Pathos verständlich, mit dem Péguy sich für die Solidarität aller einsetzt. „Wir müssen uns alle zusammen retten! Zusammen beim lieben Gott ankommen! Zusammen vor ihn treten. Wir dürfen nicht die einen ohne die andern zu ihm kommen. Alle miteinander sollen wir heimkehren ins Haus unseres Vaters. Man muß auch ein wenig an die andern denken, einer für den andern arbeiten. Was würde er wohl von uns denken, wenn wir ohne die andern zu ihm kämen, ohne die andern heimkehrten!"[41]
Wer sein eigenes individuelles Leben in solch tiefer Gemeinschaft mit allen versteht, kann nicht aufhören, das Wohl aller Menschen zu suchen und zu fördern. Er wünscht mit ganzem Herzen, daß das Leben der Menschen glücke, begibt sich in den Kampf gegen alles, was dieses Leben bedroht oder behindert. Lieber möchte er sich selbst an die Stelle dessen setzen, der leidet, als zusehen müssen, wie er gequält wird. Mitleidend und sozusagen stellvertretend möchte er das Leid des anderen verringern. Durch Anbieten seiner Kraft, durch das Engagement seines Herzens. „Was kümmert es mich, bis zum Ende der Welt im Fegfeu-

er zu bleiben, wenn ich durch mein Gebet eine einzige Seele rette“ (Theresa von Avila).

3. Wer gibt, wird reicher

Nochmals: Was Menschen füreinander sein und tun können? – Eines liegt auf der Hand: Macht mich die Erkrankung eines Nachbarn betroffen, dann möchte ich diese Teilnahme ausdrücken und aussprechen. Ich versuche es mit Geschenken, vielleicht auch mit einem Besuch, der es mir erlaubt, nachzufragen und ins Gespräch zu kommen. Ich begebe mich äußerlich wie innerlich in die Nähe, helfe dadurch dem Nachbarn, sein Schicksal anzunehmen und sich damit zu versöhnen.
Solche sichtbare Teilnahme bekommt noch eine zusätzliche Dimension, wenn ich die Krankheit meines Nachbarn ausdrücklich in mein Gebet hineinnehme. Was für ihn getan werden kann, aber auch alles, was überhaupt geschieht, gerät dadurch, daß es vor Gott gebracht wird, in einen Horizont grundsätzlicher Hoffnung. Damit ist der Sorge, mag sie noch so groß sein, die Spitze völliger Ausweglosigkeit genommen. Wie immer die Krankheit sich entwickeln wird, irgendwo und irgendwann wird sie ihre gute Frucht hervorbringen. Es wird einen Weg geben; das ist die grundsätzliche Verheißung, die jedem Fürbittgebet innewohnt.
Wo wir im Gebet einander mitnehmen und vor Gott tragen, da beginnt mehr zu klingen als bloß nachbarschaftliche Freundlichkeit. Die Art von Nähe, die durch das Bittgebet erzeugt wird, geht über das hinaus, was man mit einfühlsamen Worten sagen kann. Diese bleiben nach wie vor wichtig und notwendig, aber sie werden durch das Gebet intensiviert. Der ausgesprochene Wunsch, daß der kranke Nachbar genese, gewinnt dadurch, daß er in den Bereich göttlichen Heilens gerät, eine gewisse Objektivität.

Es verstärken sich dadurch die Hoffnung und die Zuversicht, daß, wie immer die Krankheit ausgehen mag, sich ein menschlich gangbarer Weg auftun wird.

4. Stellvertretend das Leid mindern

Die Probe, sozusagen der Testfall für solche fürbittende Liebe scheint mir dort vorzuliegen, wo es darum geht, einen anderen nicht nur in seinem vielleicht selbstverschuldeten Unglück, sondern auch noch in seiner Schuld zu tragen. Hier wird geprüft, wie ernst die Fürbitte gemeint ist und wie weit die Liebe geht, die sie erfüllt. Ihre geistliche Solidität wird an der Frage gemessen, ob wir im Gebet für die Menschen bereit sind, ähnlich wie Jesus selber, ihr Schicksal wirklich zu unserem eigenen zu machen, uns in ihre Geschichte, auch wenn sie dunkel und verworren ist, hineinzubegeben. Nehmen wir wirklich teil, oder halten wir uns heraus? Ob das Wissen, daß wir selber Sünder sind und als solche auch immer ertragen werden müssen, uns dazu befreit, selber die anderen in ihrer Schuld zu tragen? Eine der präzisesten Formulierungen zu diesem Thema aus jüngster Zeit findet sich in der Rede, die der ökumenische Patriarch Bartholomaios am 29. Juni 1995 bei seinem Besuch in Rom im Petersdom gehalten hat. Es ginge, so der Patriarch, in der Annäherung der beiden Kirchen nicht darum, einander vorzurechnen, „wer von uns zuerst und wer zuletzt einen Fehler begangen hat, oder wer von uns einen größeren oder einen kleineren Fehler begangen hat. Das wäre eine kleinliche irdische Spurensuche, die schon die vorchristlichen griechischen Philosophen als eine für den geistlichen Menschen niedrige Beschäftigung betrachteten. Die fundamentale Frage lautet für uns also, wie wir unseren Nächsten, dem wir ja dienen, heilen können, und wie durch ihn und mit ihm auch wir der Heilung gewürdigt werden. Leider haben wir Christen diesbezüglich die

goldene Regel des Paulus – ‚Einer trage des andern Last, so werdet ihr das Gesetz Christ erfüllen' – als einfache gegenseitige Solidarität weltlichen Charakters mißverstanden. Es war daher sehr früh notwendig, daß die Väter des Ostens diese Worte des Paulus mit dem bekannten ‚Selbsttadel' vervollständigen oder vielmehr korrekt interpretieren mußten. Dies war eine Praxis, die von ihnen während des ganzen Lebens ausgeübt wurde, da sie ja wirklich die einzige Möglichkeit darstellt, Christi Gesetz zu erfüllen.
Das bedeutet, daß nach dem patristischen Selbsttadel alle Sünden und Verirrungen des Bruders, außer den Irrlehren und Häresien, nicht auf diesem, sondern auf mir lasten. Ich muß sie spontan und ohne Murren auf mich nehmen, wenn ich wirklich will, daß mein Bruder wie auch ich Elender und überhaupt die ganze Welt gerettet werden soll."[42]

5. Wem verdanke ich was?

Nicht nur in Äußerlichkeiten helfen wir einander im Gebet, sondern in zentralen Belangen: in der Bewältigung von Schuld, im letzten Gelingen unseres Lebens, im Finden von Frieden. – Allerdings bleibt es ein schwer durchschaubares Geheimnis, was eine Fürbitte konkret erwirkt, für wen und auf welche Weise sie fruchtbar wird.
Wem wird durch mein Beten geholfen? Kann ich die Wahrheit, daß jedes Gebet irgendwie fruchtbar ist, nachweisen und beglaubigen? Gibt es Möglichkeiten der Bestätigung? – Gewiß kann ich im Fall einer konkreten Gebetserhörung einen Zusammenhang zwischen der Bitte und der eintretenden Fügung des Geschehens feststellen. Ich kann und darf im erfüllten Wunsch durchaus eine Annahme des Gebets durch Gott sehen. Es bleibt dies zwar schwer erklärbar, noch weniger für andere beweisbar, aber als Betender darf ich in dem, was sich nach meinem Sinne fügt, einen göttlichen Liebeserweis erblicken; eine konkrete Weise,

wie Gott mir seine Nähe kundtun will. Solche Zusammenhänge zu entdecken gehört zur Innenevidenz der Liebe. Aber was geschieht mit den vielen nicht erhörten Bitten, bei denen eine solche „Erfolgskontrolle“ nicht gegeben ist, bei denen wir nicht wissen können, wo und wie sie wirksam und fruchtbar geworden sind? Sind diese Gebete einfach verhallt in der großen Unendlichkeit Gottes? Bleiben sie, was ihre Fruchtbarkeit betrifft, in der großen Gemeinschaft der Betenden? – Es ist tröstlich zu wissen, daß kein Gebet, das im Sinne Jesu gesprochen wird, ins Leere geht oder ohne Wirkung bleibt. Nichts geht verloren. Nicht der verborgene Dank eines Mönches, nicht das Vertrauen eines Kindes, nicht der Schrei einer Mutter. Alle Bitten bleiben drinnen, in der großen Gemeinschaft der Kirche, sind darin aufgehoben und mitgenommen. Als Betende nehmen wir teil am universalen „Schatz dieser Gebete“, der nach unergründlichen göttlichen Gesetzen verteilt wird. Niemand kann deshalb genau wissen, wie er mit seinem Beten hilft und was er wem in seinem Leben verdankt. Woher der berufliche Erfolg, woher die Fähigkeit zur Treue, woher die Gesundheit? Wer wirkt mit, daß es mir heute gutgeht? Wer hat Anteil daran, daß ein junger Mensch dahin kommt, den Ruf zu einer radikalen Nachfolge Jesu zu befolgen? Wer ist es gewesen, der daran mitgewirkt hat, daß ein Priester in widrigen Lebens- und Arbeitsbedingungen durchhält, an seinen Aufgaben nicht zerbricht? Wer steht am Ursprung seiner Treue? – Was alles bewirkt das verborgene Gebet einer Karmelitin, die ihr ganzes Leben zu einer brennenden Fürbitte macht, die nichts anderes im Sinne hat, als Menschen vor Gott zu bringen und sie seiner Barmherzigkeit zu empfehlen? Wie viele Ehen werden durch dieses Gebet gerettet, wie viele Freundschaften werden wieder gut? – Es ist unmöglich, dazu klare Feststellungen zu machen; unmöglich noch mehr, die Gaben, die hier zugeteilt werden, zu überblicken. Alles bleibt strenges Geheimnis Gottes.

Zusammenfassend: Wann wird die Fürbitte aktuell, und worin vermag sie uns zu trösten? Gewiß in extremen Fällen, in denen wir geliebte Menschen fallen sehen und für uns, als Freunde und Nahestehende, nur das Gebet übrigbleibt. So als ob Gott unserer Ohnmacht dadurch zu Hilfe kommen wollte, daß er uns das Gebet anbietet. Er läßt uns eine Möglichkeit entdecken, die in unserem Glauben enthalten ist, weckt eine vertrauende Kraft. Wir vermögen etwas für die anderen! Und zwar nicht nur für ihre Gesundheit, ihr seelisches Wohlergehen, sondern auch für die Grundorientierung ihres Lebens, für das Heil und die Bekehrung. Das oft zitierte Wort des hl. Augustinus, die Kirche hätte keinen Paulus, wenn Stefanus nicht gebetet hätte, unterstreicht überdeutlich diese Bittkraft, die uns verliehen ist. – Ist es nicht tröstlich zu ahnen, daß Gott uns so eng verbunden wissen will, daß wir einander den Weg zum Heil nicht bloß zeigen, sondern ihn auch füreinander öffnen und daran mitwirken können?

* * *

Gute Erfahrungen

Allein, aber nicht ohne die anderen

Eine Studentin, die sich auf den Weg nach Santiago de Compostela macht, schreibt vor ihrem Aufbruch: „Es ist eine russische Sitte, sich vor dem Aufbruch nochmals für einige Minuten still hinzusetzen. Das habe ich heute gemacht, indem ich zu Bruder Klaus gegangen bin.[43]
In der letzten Zeit ist mir immer mehr der Unterschied zwischen dieser Wallfahrt und einem Wanderurlaub aufgegangen. Wie soll ich sagen – zunächst war es nur eine vage Idee, dann wurde es ein privates Vorhaben, und jetzt ist es ein gemeinschaftliches Unternehmen. Da sind zum einen die vielen, die mich mit ihrem Gebet und ihren Gedanken beglei-

ten. Aber dann sind es immer mehr geworden, die mich nicht nur in Gedanken begleiten, sondern die sozusagen mitkommen, die ich mit mir trage, die mich begleiten, für die ich so etwas wie stellvertretend laufe. Inzwischen ist es, als ob ich mit einer ganzen Gruppe unterwegs bin. Das ist das, wofür ich die katholische Kirche so liebe: Auch wenn ich ganz alleine etwas tue, so hat es doch Auswirkungen für viele; das eine Glied gehört zu dem ganzen Leib und mit all den anderen Gliedern zusammen. So bekommt meine Wallfahrt, bei der ich ganz alleine laufe, plötzlich eine ganz wichtige gemeinschaftliche Bedeutung. Und ich kann gar nicht einsam sein. Auch in der größten Einsamkeit bin ich mit all den anderen verbunden.“

Mit einer Namensliste vor Gott

Vielleicht ist bei den Karmelitinnen zu lernen, wie Fürbitte konkret aussehen kann. Sie haben, so ist mir aufgefallen, einen ausgesprochenen Sinn für Namen. Auch ein gutes Gedächtnis, sie zu behalten. Einzelne Personen, die ihrem Gebet anempfohlen sind, werden nicht einfach unter die allgemeinen Anliegen subsumiert, sondern mit Namen, auch mit ihren konkreten Anliegen vor Gott hingehalten. Da ist keine Scheu, Gott mit den alltäglichsten, ja oft banalsten Anliegen zu belasten. Es gibt keine menschliche Sorge, die Gott fremd wäre. – Im Blick auf solche Gebetspraxis mag es hilfreich sein, sich unter Umständen selber eine kleine Liste anzufertigen, auf der die Namen der uns nahen Personen stehen. Sowohl jener, für die wir aus der Spontaneität unseres Herzens beten, wie jener, die sich unserem Gebet empfohlen haben. Jeder Christ hat mit der Zeit sein kleines Volk Gottes, für das er verantwortlich ist und das er im Beten zu tragen gerufen ist. Gut, es mit seinen Namen im Geiste gegenwärtig zu behalten.

Wenn Gott zu uns redet

Auf vielfache Weise, so steht im Hebräerbrief, hat Gott zu uns gesprochen. Durch Propheten, die er dazu beauftragt hat, durch Menschen, die ausdrücklich gesandt wurden, aber auch durch die Vielfalt von Ereignissen. In direkter und indirekter Sprache. – Aber die Vielfalt, in der Gott sich ausspricht, liegt nicht allein in den Mitteln, sondern auch in den Variationen seiner Stimme, der Tonstärke, den Nuancen. Ein treffendes Wort von C. S. Lewis soll helfen, solche Variationen der Rede Gottes zu illustrieren und zu unterscheiden. „Gott flüstert in unserer Freude; er spricht in unserem Gewissen; in unseren Schmerzen aber ruft er laut. Sie sind sein Megaphon, eine taube Welt aufzuwekken."[44]

1. Vom Bedürfnis, unendlich zu loben

Wie kommen wir zur inneren Gewißheit, daß wir uns im Gebet nicht täuschen, daß wir es wirklich mit jemandem, mit einem Du zu tun haben und nicht mit einem stummen Schicksal; wie wird es uns klar, daß wir nicht auf einen anonymen Weltgrund hin sprechen, der uns eine gewisse Geborgenheit zusichern könnte, sondern auf ein personales Wesen hin, das mächtig und gnädig ist, zu dem wir deshalb Vertrauen fassen können?
Bekanntlich sagen wir, die Not sei eine gute Lehrmeisterin für das Gebet. Sie dränge uns, vernachlässigte Gewohnheiten des Betens wieder aufzunehmen oder es überhaupt neu zu lernen. Not kann uns tatsächlich neu aufbrechen, kann uns nötigen, neu zu prüfen und zu sehen, was uns wirklich Halt gibt. Zu erfahren, wie zerbrechlich und gefährdet alle Stützen des Lebens sind, das nötigt uns, erneut Ausschau

zu halten: nicht nur nach einem anonymen Felsen, auf den wir bauen können, sondern nach einem Du, das fähig und bereit ist, die Bedrängnis zu verstehen und zu teilen. Die tiefste Angst nämlich, die wir in unseren Nöten empfinden, liegt nicht darin, mit der Bürde des Lebens nicht fertig zu werden, sondern darin, sie alleine tragen zu sollen; die Befürchtung, niemanden zu haben, kein Gegenüber, das an uns interessiert wäre und uns verstehen könnte. Es ist diese Angst, die in uns eine Sehnsucht entstehen läßt, die Not nicht nur den Sternen klagen zu können, sondern sie vor jemanden bringen zu dürfen, der sie zu verstehen und zu teilen bereit ist. Es genügt uns und unserem Herzen weder eine kalte Klagemauer noch ein anonymer Sternenhimmel.

Nun sind es nicht allein Erfahrungen von Not und Ausweglosigkeiten, die uns nach einem unendlichen Du tasten lassen. Ähnliches kann sich auch bei positiven Erlebnissen einstellen. Auch das Glück, vor allem da, wo es sich unerwartet und auf unverdiente Weise einstellt, kann das Herz in eine ähnliche Richtung führen. Sei es die Erfahrung einer Liebe, die uns spontan entgegengebracht wird, sei es der unverhoffte Ausblick auf eine bezaubernde Landschaft. Man möchte bei solchen Erlebnissen Ruhe fordern, muß und will allein sein, erträgt keinen oberflächlichen Kommentar. Und dennoch schmerzt es, die Gefühle der Ergriffenheit nicht teilen zu können. Wie hilflos können wir uns vorkommen, wenn wir mit dem Entzücken über die Pracht eines Herbstwaldes alleine gelassen werden oder mit unserem Erzählen nur auf Desinteresse stoßen.

Die Begeisterung, gerade wo sie groß und überwältigend ist, sucht sich einen Adressaten. Sie möchte und muß sich in einem unendlichen Lob ausdrücken, will „Ewigkeit, tiefe, tiefe Ewigkeit“ (Friedrich Nietzsche); sie muß sozusagen Hilfen anfordern. So wie der Psalmist, der, des Lobes voll, sich nach allen möglichen Geschöpfen umschaut, die ihm helfen könnten, sein Lob so zu singen, wie er es möchte.

Alle Kreaturen, der letzte Strauch und der hinterste Stern, Kinder, Greise wie auch Engel, alle sind aufgeboten, werden zum Mitloben eingeladen. Ein einzelner kann es nicht so, wie es angemessen ist.
Angenommen nun, dieses vereinte Lob, das an ein unendliches Du gerichtet ist, ginge ins Leere! Oder jemand käme aus welchen Gründen auch immer dazu, dieses unendliche Du zu leugnen, und würde sich folgerichtig zum Atheisten erklären. Wohin ruft er sein Lob? Es gehört in der Tat zu den Verlegenheiten oder gar Widersprüchlichkeiten eines Atheisten, daß er, falls er von einem Bedürfnis nach unendlichem Lob erfüllt wird, nicht weiß, an wen er dieses Lob richten soll. Solche Unsicherheit oder Inkonsequenz erlebte ich bei einer Begegnung in den Bergen. Inmitten schönster Viertausender, bei einem unvergeßlichen Sonnenuntergang hörte ich einen Bergkameraden, der offensichtlich nicht an Gott glauben kann, ausrufen: Wie ist das gottverd...t schön!

2. Angenommen, Gott redet wirklich

Aber wie ist es mit diesen Postulaten unseres Herzens? Ist es nicht ausgesprochen naiv zu glauben, unser Loben und Klagen müßte einen Ansprechpartner haben, der ihnen entspräche? Die letzte Wirklichkeit müsse personal sein, einfach deshalb, weil unser Herz es so fordert? Gewiß, gelegentliche Sehnsüchte danach, unendlich zu klagen oder zu loben, sind zweideutig und beweisen nicht automatisch, daß es einen entsprechenden Adressaten gibt. Der Durst allein beweist nicht schon, daß es eine Quelle gibt. Daß sich unser Herz nach einem unendlichen Du sehnt, das muß nicht schon als Bekräftigung dafür gelten, daß diese letzte Wirklichkeit personal ist. Es beweist aber auch nicht das Gegenteil. – Vielleicht haben die Gründe des Herzens, die der Verstand oft nicht kennt, mehr recht als vermutet.

Wer gegen diese Argumente des Herzens kritisch bleibt, dem mag die mehr rationale Überlegung des Psalmisten vielleicht weiterhelfen; eine Frage, die dieser Beter sich stellt, die so plausibel klingt, daß keine Antwort erwartet wird: „Sollte der nicht hören, der das Ohr gepflanzt hat, sollte der nicht sehen, der das Auge geformt hat? Sollte der nicht strafen, der die Völker erzieht, er, der die Menschen Erkenntnis lehrt? Der Herr kennt die Gedanken der Menschen: Sie sind nichts als ein Hauch" (Ps 94,8–11).

Wie immer es uns geschenkt wird, Gott als Person zu entdecken, sei es über die Erfahrung der eigenen Sehnsucht oder über mehr logische Erwägungen, der vorzügliche Ort, an dem sich Gott offenbart, ist und bleibt das Gebet selber. Sein Vollzug, seine Praxis! Da, wo wir uns dieser letzten Wirklichkeit aussetzen, wo wir ernstlich danach trachten, sie zu erkennen, wird sie sich als das offenbaren, was sie ist. Es bleibt immer ein Einschnitt in der persönlichen Gebetsgeschichte, wo der einzelne plötzlich inne wird, daß er es im Gebet nicht bloß mit einem namenlosen Letzten, einer stummen „causa sui" zu tun hat, sondern mit einem Jemand; mit einem Du also, das nicht nur ansprechbar ist, sondern selber spricht, das nicht bloß hören kann, sondern auch redet, nicht nur passiv ist, sondern aktiv: „Es ist immer erschreckend", sagt C. S. Lewis, „dort etwas Lebendiges anzutreffen, wo wir ganz allein zu sein dachten. Ach, schreien wir dann, das ist ja lebendig ... Ein ‚unpersönlicher' Gott: schön und gut. Ein Gott des Wahren, Schönen und Guten hinter der eigenen Stirn: das ist noch besser. Eine gestaltlose Lebenskraft, aus der wir schöpfen können: das ist von allem das Beste. Aber Gott selber, der lebendige, der am anderen Ende der Schnur zieht, der vielleicht mit ungeheurer Schnelligkeit auf uns zukommt, der Jäger, der König, der Bräutigam – das ist etwas ganz und gar anderes. Es kommt ein Augenblick, da Menschen, die in Religion herumgestümpert und Gott gesucht haben, plötzlich erschreckt zurückfahren: angenommen, wir hätten ihn gefunden? Schlimmer noch: angenommen, er hätte uns gefunden? Das ist dann eine Art Rubikon. Der eine überschreitet ihn, der andere nicht. Aber wenn man ihn überschreitet, dann gibt es keine Sicherheit vor Wundern. Man muß sich auf alles gefaßt machen."[45]

Wo andere Völker nur unendliches Schweigen vernahmen, da hört Israel eine Stimme, einen Laut aus dem Dornbusch, ein letztes Wesen, das einen Namen hat. „Ich bin der Ich-bin-da." Ein Name, der von seinem Inhalt her auf eine Zuneigung, auf leidenschaftliche Teilnahme an allem hindeutet, was den Menschen betrifft.

3. Er schreit nicht und lärmt nicht

Wie Gott seine Teilnahme kundtut, wie er sich bei uns vernehmbar macht? – Alle Mittel stehen ihm zur Verfügung, angefangen von den massiven Botschaften, wie etwa dem gestürzten Pferd von Damaskus, wodurch Paulus angehalten und auf die Wege Gottes geholt wurde, bis hin zu den Einflüsterungen der Seele, durch die der Hl. Geist uns die Absichten Gottes nahebringt. Durch alle Ereignisse hindurch kann Gott zu uns sprechen, er tut es, bald laut, bald ganz verschwiegen, fast unhörbar. Aber bei allen möglichen Nuancen seines Sprechens scheint es, daß Gott eine Vorliebe für die Stille hat, für die oft wortlose Mitteilung. Daß Gott zurückhaltend und leise ist, sparsam mit seinen Worten, das ist nicht allein in der Bibel bezeugt, sondern entspricht weitverbreiteter Gebetserfahrung. Über weite Strecken hinweg haben wir im Gebet den Eindruck, die Worte, die von unseren Lippen kommen, seien in die Leere gesprochen; sie verhallten in einem fernen Raum, und was wir zu vernehmen meinten, sei höchstens ein vages Echo auf die eigene Klage.

Wie solches Ausbleiben von Antworten zu erklären ist? Liegt es nur daran, daß wir zu ungenau hinhören? Oder

gibt es auch objektive Gründe? Ist es diese Art von Zurückhaltung, die der Liebe eigen ist? Diskretion Gottes, Takt und Verschwiegenheit der Liebe? – In der Tat: Gott verzichtet auf lautes Reden. „Er schreit nicht und lärmt nicht und läßt seine Stimme nicht auf den Straßen erschallen" (Jes 42,2). Nicht deshalb, weil er nicht reden könnte oder von seinem Wesen her nicht mitteilsam wäre. Gott ist die Selbstmitteilung schlechthin. Wohl schon eher deshalb, weil er darum weiß, wie Worte Gewalt antun können, wie sie uns die Freiheit rauben. Gott will uns damit nicht überfahren und noch weniger zu irgend etwas zwingen. Es ist nicht seine Art, Türen mit Schreien und Druck zu öffnen: „Gott wird keine Türe aufbrechen, um einzutreten. Vielleicht schickt er einen Sturm um das Haus; der Wind seiner Warnung mag Türen und Fenster sprengen, ja das Haus in seinen Fundamenten erschüttern; aber er kommt nicht dann, nicht so. Die Türe muß von freiwilliger Hand geöffnet werden, bevor der Fuß der Liebe über die Schwelle tritt. Gott wartet, bis die Türe von innen aufgeht. Jeder Sturm ist nur ein Angriff der belagernden Liebe. Der Schrekken Gottes ist nur die Kehrseite seiner Liebe; es ist Liebe draußen, die innen sein möchte – Liebe, die weiß, das Haus ist kein Haus, nur ein Ort, solange er nicht eintritt."[46]
Lärmen, poltern, das ist meistens ein Zeichen von Schwäche. Gewöhnlich sind es ängstlich besorgte Inhaber von Gewalt, die glauben, scharren und stampfen zu müssen. Sie haben keine anderen Mittel, um sich Gehör zu verschaffen, brauchen Lärm, um ihre Macht in Erinnerung zu rufen. Sie müssen schreien, damit sie jemand sind. – Was da am großen öffentlichen Modell, an Machthabern sichtbar wird, das gibt es in subtilerer und verborgener Weise auch bei uns, in unserem alltäglichen Leben. Diese lärmende Angstbewältigung. Wird es uns auf dem Spaziergang durch den Wald bange, beginnen wir zu pfeifen oder zu reden. Nisten sich Gedanken bei uns ein, die uns Angst machen und uns bedrohen, schalten wir automatisch auf

Ablenkung. Wir schaffen Betrieb, damit wir uns ertragen. – Man kann beinahe jede Gefahr, die aufscheint, mit Betriebsamkeit bannen. Sowohl eine reale physische Bedrohung wie auch unliebsame Gedanken.

Daß wir Gott in unseren Gebeten so oft als schweigend erfahren, kann also durchaus daran liegen, daß wir zuviel inneren Lärm machen, daß wir das Ohr noch nicht fein genug eingestellt haben. Gott kündigt seine Gegenwart nicht laut und nicht auf plakative Weise an. Vernehmbar wird er eigentlich erst in der Stille der Seele, in der Verschwiegenheit von Geschehnissen, den unscheinbaren Abläufen der Natur, der Geschichte und des eigenen Alltags. Eine verschwebende, wenn auch durchaus klare Botschaft in unscheinbaren Realitäten. So wie es Elija am Berge Horeb erfahren hat: „Da zog der Herr vorüber: Ein starker, heftiger Sturm, der die Berge zerriß und die Felsen zerbrach, ging dem Herrn voraus. Doch der Herr war nicht im Sturm. Nach dem Sturm kam ein Erdbeben. Doch der Herr war nicht im Erdbeben. Nach dem Beben kam ein Feuer. Doch der Herr war nicht im Feuer. Nach dem Feuer kam ein sanftes, leises Säuseln. Als Elija es hörte, hüllte er sein Gesicht in den Mantel, trat hinaus und stellte sich an den Eingang der Höhle“ (1 Kön 19,11–13).

4. In unseren Schmerzen ruft er laut

Mag es dem innersten Wesen Gottes eigen sein, sich auf schweigende und zurückhaltende Weise der Welt mitzuteilen, so gibt es doch menschliche Situationen, in denen er seine Stimme anhebt. Leid und Schmerz haben es in sich, daß sie uns einerseits ganz auf uns zurückwerfen, daß wir dadurch taub und unsensibel werden können. Andererseits machen sie uns innerlich hellwach, lassen uns umsehen, woran wir uns halten können.

Aber schauen wir noch genauer hin. Was geschieht denn,

wenn Unglück uns überkommt, wir in unserem Leib und in unserer Seele von Schmerz getroffen werden? Eine schlechte Nachricht macht bestürzt, plötzlich einsetzende Magenbeschwerden machen uns bekümmert. Wo Leid in unser Leben tritt, besonders, wenn es auf unerwartete Weise kommt, gerät der ganze Lebenssinn durcheinander. Leid macht immer flüchtig, treibt uns von dem Ort weg, an dem wir gerade stehen. Egal wohin, nur weg! Entweder nach innen, in die Trauerlöcher und Schmollwinkel, wo die Seele klagen kann, wo sie trotzt und gegen den eigenen Stachel löckt. Oder schließlich nach außen! Zum Nachbarn, zu Bekannten oder am besten zu Freunden. Wenn nur die Qual irgendwohin abgeworfen oder mit jemandem geteilt werden kann, um sich wenigstens für eine Weile etwas besser zu fühlen.

Solche Reaktionen, die sich spontan einstellen, deuten auf eine tiefe Verunsicherung hin, in die Leid uns führt. Was uns bis dahin getragen hat, wird fragwürdig; Gewohnheiten hören mehr oder weniger auf, uns ein Gefühl der nötigen Geborgenheit zu geben. Wir geraten in Selbstwidersprüche, ja in Teufelskreise, die sich immer weiter um uns ausbreiten. Einmal in Not, fällt es uns schwer, uns helfen zu lassen. Gerade da, wo wir nach Hilfe rufen, sind wir oft am wenigsten fähig, solche auch anzunehmen. Wir verkrümmen uns manchmal so sehr in uns, daß im Grunde niemand an uns herankommen kann, mag er uns noch so freundlich gesinnt sein. Wir halten uns die Ohren krampfhaft zu, erschweren und verunmöglichen dadurch, ein Wort des Trostes zu vernehmen. „Vielleicht machen uns die eigenen, ständig wiederholten Schreie taub für die Stimme, die wir zu hören hoffen.“[47]

Die Schmerzen können uns innerlich taub und blind machen, lassen uns seelisch in eine solche – fast tragische – Verwicklung geraten, daß wir ganz unfähig werden, uns helfen zu lassen. So sehr können wir uns und unserer Rettung im Wege stehen. Abhilfe kann nur von außen kommen. Es braucht eine Hand, die uns entgegengestreckt wird, ein lautes Wort von außen, das sowohl barmherzig als auch gebieterisch ist und das uns so fähig macht, unsere schmerzbedingte Taubheit aufzuschließen. – „In unseren Schmerzen ruft er laut." Es ist dieses Wort, diese göttliche Stimme, die uns in unseren Schmerzen beschwört, uns mahnt, das Leben tiefer und einzig auf Gott zu bauen.

5. Gottes leid-schaffende Liebe

Es bleibt die Frage, warum dies so sein muß; warum Gott seine Stimme anheben muß, um bei uns durchzudringen. Muß er wirklich so laut mit uns reden? Gäbe es nicht auch andere Mittel der Verständigung, weichere, leisere?
Es sind auf diesem schwierigen Problemfeld menschlichen Leidens vor allem zwei Gründe, die erwogen werden müssen. Eine erste Überlegung, die in der Auseinandersetzung mit Leid und Schmerz helfen kann, bezieht sich auf unsere Lernwilligkeit, auf unsere Bereitschaft, uns etwas sagen zu lassen. Aus eigener wie aus fremder Erfahrung wissen wir, wie quer wir uns stellen können. Es gibt Dinge, die wir nur mit größten inneren Widerständen zur Kenntnis nehmen. Paßt uns etwas nicht, dann werden in uns manchmal ungeahnte negative Kräfte frei, mit denen wir uns dagegenstemmen und abwehren. Wie widerwillig wir uns doch hin und wieder von etwas Besserem überzeugen lassen!
Offensichtlich gibt es Dinge, die uns mit Worten, und wären es noch so freundliche, einfach nicht eingehen. Sie müssen – ohne unser Wollen und gegen unseren Willen – durch den Leib gehen, müssen gewisse Zeit im Fleisch wehgetan haben, damit sie in den Kopf gelangen können. Vor allem, wenn sie dort zu einer Maxime des Lebens, zu einem Grundsatz der Lebensführung werden sollen: „Wer an einer Sache nicht gelitten hat, kennt und liebt sie nicht. Diese ganze Lehre läßt sich in einen einzigen Satz fassen,

aber nur Beherzte können ihn verstehen: Der Schmerz hat den Sinn, zu entschleiern, was dem egoistischen Wissen und Wollen verborgen bleibt; er hat den Sinn, Weg zur echten Liebe zu sein, indem er uns von uns frei macht, um uns einem Anderen zu schenken und uns einzuladen, daß wir diese Selbstverschenkung auch selber vollziehen."[48]
Weshalb also Gott seine Stimme anheben muß, damit wir wirklich hören, das hängt mit dieser unserer mehr oder weniger ausgeprägten Lernunwilligkeit zusammen, mit einer eigenartigen Widerständigkeit, die in unserer Natur liegt.
Eine zweite Reihe von Überlegungen zu dieser Frage gruppiert sich rund um das, was es bedeutet, daß Gott uns liebt, daß er in sich nichts anderes ist als lautere und reine Liebe. – Ausdrücke und Bilder, mit denen diese Liebe zu uns beschrieben ist, sprechen von Feuer und Sturm, von einer solchen Leidenschaft der Zuneigung, daß wir sie mit menschlichen Vergleichen nur schwerlich erfassen. Am ehesten mag uns ein wenig dämmern, wo in unserer Erfahrung etwas von dieser Maßlosigkeit, dem Sturm, der Unbeirrbarkeit durchbricht, wo das, was sie ist und sein soll, sichtbar in Erscheinung tritt; etwa in der leidenschaftlichen Hingabe eines Bildhauers, der in sich nicht zur Ruhe kommt, bis seine Traumidee aus dem Marmor herausgemeißelt ist; oder in der stillen und festen Treue alter verheirateter Menschen, die zueinander sagen können, das Fest der goldenen Hochzeit war noch viel schöner als der Tag der Trauung; oder schließlich die stürmische Frische Jungverliebter, denen es ganz unmöglich erscheint, aneinander genug zu bekommen.
Gottes Liebe hat etwas Ähnliches. Sie ist, was unser Glück betrifft, verlangend, unersättlich, kann nicht anders, als ewig zu wünschen und auch dahin zu wirken, daß unser Leben gelingt. Und zwar in einem umfassenden und totalen Sinn. Gott kann an uns nicht genug bekommen, er wirkt, er müht sich um uns, kann nicht ruhen, bis unser

ganzes Wesen umgeformt ist, bis es von aller Starre und Leblosigkeit befreit, eine Form der Liebe gewinnt. Wir können uns gegen solche aufdringliche Liebe wehren, können uns ärgern und möchten lieber in Ruhe gelassen werden. Aber sie ist nicht zu beseitigen und nicht aus unserem Leben zu schaffen. Immer wieder werden wir – und zwar am meisten durch Leiden – daran erinnert: Wir müssen ins Feuer, damit die Liebe entstehen kann. So lange, bis aller unguter Eigenwille und alle Herrschsucht, alle egoistischen Verkrustungen ausgebrannt sind.

Gerade deshalb, weil Gott die menschliche Erfüllung allein im Lieben-Können sieht und weil er will, daß wir in dieser Liebe vollkommen werden, kann er uns nicht unter diesem Niveau stehen lassen. Selbst dann nicht, wenn wir fest behaupten, wir hätten uns an den Zustand eines halben und etwas biederen Glücks ganz gut gewöhnt; es gebe wohl, realistisch gesehen, unter den Bedingungen dieses verfallenen und sehr unvollkommenen Lebens auch nicht mehr zu erwarten. Man sei gut beraten, die Ansprüche an das Lebensglück anzupassen. Hauptsache: Das Ganze bleibt irgendwie erträglich, und wir fühlen uns wohl. – Aber es ist gerade dies, was im Gedanken Gottes, den er von uns in sich trägt, keinen Platz hat: daß er uns in unserer lauen Wohligkeit belassen könnte. Er will in uns Raum schaffen für größere Gefühle, will, daß unser Glück total werde, ein Friede uns erfülle, den diese Welt uns nicht geben kann, eine Freude uns erfasse, die vollkommen ist (Joh 15,11).

„Die Liebe verlangt kraft ihres eigenen Wesens nach der Vervollkommnung des Geliebten; die bloße Gutherzigkeit, die alles duldet, nur nicht, daß der Geliebte leide, ist in diesem Betracht das Gegenteil von Liebe. Wenn wir eine Frau lieben – hören wir dann etwa auf, uns darum zu kümmern, ob sie sauber oder schmutzig, schön oder häßlich ist? Beginnen wir nicht gerade dann erst, uns darum zu kümmern? Betrachtet irgendeine Frau es als ein Zeichen der Liebe des Mannes, daß er weder weiß noch sich darum kümmert, wie sie aussieht? Liebe vermag sehr wohl die Geliebte zu lieben, wenngleich ihre Schönheit dahin ist; aber nicht, weil sie dahin ist. Liebe kann alle Schwächen vergeben und ihnen zum Trotz lieben; aber Liebe kann nicht aufhören, zu wünschen, daß sie verschwinden. Liebe ist empfindlicher als selbst der Haß gegen jeden Makel an dem Geliebten; ihr Gefühl ist feiner und empfindsamer als die zarten Fühler sich windender Schnecken. Von allen Mächten verzeiht die Liebe am meisten, aber sie entschuldigt am wenigsten; sie erfreut sich an wenig, aber sie verlangt alles."[49]

Zusammenfassend

Gottes Weisen, sich uns mitzuteilen und zu zeigen, sind unendlich. Bald erweist er sich als Freund, zu dem wir vertrauend und bittend hinzutreten dürfen; bald ist er wie ein Arzt, der seine heilende Hand auf unsere Wunden legt; bald wie ein Künstler, der sich über sein Werk beugt, sich darum bemüht und letzte Schönheit anzielt. – Beten ist ein Weg, auf dem wir lernen, für Gottes vielfältige Offenbarungen offen zu werden, in allem, was uns geschieht, seine Nähe zu ertasten: im Glück, das uns trägt, in den Wendepunkten und Krisen, ja noch in den Leiden und Schlägen. Deshalb dieses Gebet:

> „Erweise dich als ein hörender Gott.
> Sei das große Ohr, in das ich alles hineinsagen kann.
> Sei der Hörende, der auch das Ungesagte hört.
> Sei der Verstehende, der da, wo ich mich selbst nicht mehr begreife, noch den geheimen Sinn entdeckt.
> Sei der Zuhörer, der mir überhaupt erst den Mut gibt, den Mund zu öffnen.
> Sei der Fragende, der endlich die richtigen Fragen stellt.
> Sei das Wissen, das nicht wehtut.

Sei der Vorwurf, der brennt, aber nicht verzehrt.
Sei das Ja zu meiner ganzen Vergangenheit.
Sei der Blick, der die Hoffnung aufblühen läßt.
Sei die Antwort, die mich wirklich betrifft.
Sei die große, schweigende Antwort, die der Worte nicht mehr bedarf.“[50]

Anmerkungen

[1] Henri Bremond, Mystik und Poesie, Freiburg im Breisgau 1929, 25.

[2] Bernhard von Clairvaux, Sämtliche Werke: lateinisch/deutsch, Innsbruck 1990, De consideratione ad Eugenium papam, Liber I, I/1–V/6.

[3] Bernhard von Clairvaux in: J. Danko, Fasten, ein ganz persönliches Trainingsprogramm, Augsburg 1996.

[4] Ives Raguin, Wege der Kontemplation in der Begegnung mit China, Einsiedeln 1972, 31.

[5] Karl Rahner, Gebete des Lebens, Freiburg 1984, 139.

[6] Der Ausdruck „desiderium desiderii" findet sich bei Ignatius im sogenannten „Allgemeinen Examen"; es ist dies eine Reihe von Fragen, die allen vorzulegen sind, die um die Zulassung in die Gesellschaft Jesu bitten. Unter anderen findet sich auch folgende: Wenn einer kein Verlangen in sich spürt, Christus auch in den Schmähungen zu folgen, „frage man ihn, ob er irgendein Verlangen danach habe, sich in einem solchen Verlangen zu finden". – In: Satzungen der Gesellschaft Jesu (als Manuskript), Frankfurt am Main [2]1975, Nr. 102, 50.

[7] C. S. Lewis, Pardon, ich bin Christ, Basel 1977, 166.

[8] „Die Gesten, die Worte des Wollenden sind in Wirklichkeit schon der Beginn des Wollens, ja schon eigentliches Wollen." – „Der Wille liebt nur, indem er lieben will." Franz von Sales, in: Henri Bremond, Das wesentliche Gebet, Regensburg 1955, 77.

[9] „Erbitten von Gott unserem Herrn, was ich begehre und ersehne." Ignatius von Loyola, Geistliche Übungen und erläuternde Texte, v. Peter Knauer, Graz–Wien–Köln [3]1988, 48.

[10] C. S. Lewis, Du fragst mich, wie ich bete, Einsiedeln 1976, 29.

[11] Dazu: Alexander Brou, Gebetsschule des hl. Ignatius, Münster 1953, 107f.

[12] Dazu: Walter Seidel, Gott – das bleibende Geheimnis, Würzburg 1996.

[13] Blaise Pascal, Gedanken, Leipzig 1948, 93.

[14] Reiner Kunze, Am Sonnenhang, Frankfurt a. M. 1993, 68.

[15] J.W. Goethe, Tagebuchaufzeichnungen im Gartenhäuschen vom V. 13. Mai 1780. – Dazu: J. Pieper, Das Schweigen Goethes, Münster 1951.

[16] Sören Kierkegaard, zit. in: Jörg Zink, Wie wir beten können, Stuttgart 1970, 22.

[17] Dazu: Karl Rahner, Eucharistie und alltägliches Leben, in: Schriften zur Theologie, Bd. 7, Einsiedeln 1966, 204–220.

[18] Karl Rahner, Worte gläubiger Erfahrung, Freiburg 1985, 55.

[19] Solche Bejahung, wie sie in kleinen Stoßgebeten enthalten ist, weist in die gleiche Richtung, die man bei einigen geistlichen Lehrern des Islam findet. Dort wird gesagt, der erste Schrei der Neugeborenen wie der letzte Seufzer von Sterbenden beinhalte und verkünde den göttlichen Namen. – Dazu: Jean-Claude Barreau, Beten als Befreiung, Mainz 1977, 29.

[20] Josef Pieper, Zustimmung zur Welt, München 1963, 67.

[21] Madeleine Delbrêl, Gebet in einem weltlichen Leben, Einsiedeln 1974, 82. – Dazu: Annette Schleinzer, Die Liebe ist unsere einzige Aufgabe, Ostfildern 1994, 169–174.

[22] Ignatius wurde gefragt, was ihn in große Trauer versetzen könnte. Seine Antwort: Wenn der Papst beschließen würde, seinen Orden zu zerstören; aber auch dann würde ihm eine Viertelstunde des Gebets genügen, um wieder fröhlich zu sein wie früher. – Originaltext in: Fontes narrativi de S. Ignatio di Loyola, Monumenta Ignatiana, Rom 1943, IV, 1, 638.

[23] Es sei kurz auch auf eine andere mehr östliche Weise des Gottfindens in allen Dingen hingewiesen. Sie besteht weniger in einem Durchbeten alltäglicher Dinge als mehr in spirituellen Brennpunkten, die sich über den Alltag verteilen; sie sind daher ganz nahe den „Tiefenbohrungen" von Madeleine Delbrêl. Die Ständigkeit des Gottesbewußtseins wird angezielt durch die Übung einer Wiederholung, etwa eines Psalmverses, einer biblischen Anrufung oder einfach des Namens Jesu. Mit diesen sogenannten Ein-Wort-Gebeten soll das Bewußtsein von Gottes Nähe so tief und nachhaltig geprägt werden, daß es in den ganzen Tag hineinschwingt. – Eine der bekanntesten von diesen Gebetsarten ist das sogenannte Herzensgebet oder Jesusgebet. Dazu: Aufrichtige Erzählungen eines russischen Pilgers, Freiburg ²1974.

[24] Hans Schaller, Wie finde ich meinen Weg, Mainz ³1994, 64–82.

[25] Annaeus Seneca, De ira III, 36, 4–37. Zit. in: ders., Philosophische Schriften, Bd. 1, Darmstadt 1969, 299–301. – Dazu: Paul Rabbow, Seelenführung, München 1954, vor allem 180–188.

[26] Thomas Mann, Tagebücher 1933–1934, Frankfurt 1977, 319.

[27] Es bleibt der Literaturkritik überlassen, zu beurteilen, welche tiefen Kräfte Thomas Mann unbewußt zu solcher Stetigkeit in den Aufzeichnungen motivierten. Jedenfalls kennt die Geschichte der Literatur kaum ein anderes Dokument, das in der brutalen Ehrlichkeit den Tagebüchern von Thomas Mann nahekommt. Dazu: Klaus Happrecht, Thomas Mann, Reinbek 1995, 752ff.

[28] „Beim Erwachen nicht diesen oder jenen Gedanken Raum geben, sondern sich sogleich dem zuwenden, was ich in der ersten Übung um Mitternacht betrachten werde." Ignatius von Loyola, Geistliche Übungen, a.a.O. Nr. 73.

[29] O. Berg/W. Bruners/Th. Villiger, Großer Gott klein, Düsseldorf 1993, 25.

[30] Deshalb ist die Überlegung von Henri Boulad durchaus bedenkenswert: „Mein Rat aus persönlicher Erfahrung: Setzen Sie Ihre Gebetszeit des Tages dort an, wo Sie ganz und gar der volle Mensch sind, allen Inspirationen offen, und nicht am Ende eines arbeitsreichen Tages im Dämmerzustand des Halbschlafs. Nutzen Sie die junge Morgenstunde, in der Sie frisch und aufnahmefähig für Gott sind, wenn Tageslärm und Tagesstreß Sie noch nicht erreichen können. Ich persönlich schenke Gott deshalb die erste Stunde am sehr frühen Morgen als Zeichen absoluter Priorität, denn es ist meine wertvollste Zeit des Tages." Henri Boulad, Der mystische Leib, Bad Sauerbrunn 1993, 75.

[31] Es handelt sich hier um das, was in der katholischen Tradition mit „guter Meinung" gemeint ist. Sie meint ein einfaches Gebet des Vertrauens, durch das der ganze Tag global und im Detail unter den Schutz Gottes gestellt wird. Es ist ein gläubiger Vorentwurf des Tages. Dazu: Otto Hermann Pesch, Das Gebet, Mainz 1980, 53–54.

[32] Die drei Vorschläge, wie am Morgen konkret gebetet werden kann, gehen zurück auf eine Anregung von Bischof Hemmerle. Sie sind wiedergegeben von Hans Albert Höntges in: Christ in der Gegenwart, 1984, 4.

[33] H. Denzinger/P. Hünermann, Kompendium der Glaubensbekenntnisse und kirchlicher Lehrentscheidungen, Freiburg [37]1991, Nr. 1525, 1554.

[34] Gott wird glaubwürdig deshalb, weil er sich auch die geringste Sorge des Menschen angelegen sein läßt. „Nur weil Gott sich kleiner macht als die Milchstraßen, weil er in meinem kleinen Krankenzimmer ist, wenn ich keine Luft kriege, weil er meine kleinen Sorgen versteht, die ich auf ihn werfen darf, weil ihm die Bitte eines Kindes um einen Roller mit Ballonreifen nicht zu gering ist, weil Jesus Christus mein bißchen Angst und meine persönliche Schuld auf sich lädt, darum wird Gott für mich et-

was, das mich angeht." Helmut Thielicke, zit. in: Eugen Drewermann, Die Botschaft der Frauen, Olten–Freiburg 1992, 205.

[35] Franz Jalics, Kontemplative Exerzitien, Würzburg 1994, 39.

[36] Peter Henrici, Der geistliche Mensch und seine Vernunft, in: Internationale Zeitschrift „Communio", 22 (1993), 494.

[37] Eligius Leclerc, Weisheit eines Armen, Werl/Westfalen 1981, 75–76.

[38] Simone Weil, Zeugnis für das Gute, München 1990, 50.

[39] Hans Schaller, Verbirg nicht dein Gesicht vor mir, Mainz 1982, 107–113.

[40] Dazu: Eugen Drewermann, Die Botschaft der Frauen, Olten–Freiburg 1992, 112–118.

[41] Zitiert in: G. Greshake, Stärker als der Tod, Mainz 1976, 86.

[42] Patriarch Bartholomaios I., Mut zur Demut auf dem Weg zur Einheit, zit. in: Osservatore Romano (deutsch) 25, 1995, Nr. 27, 8.

[43] Einsiedelei des hl. Nikolaus v. Flüe in der Zentralschweiz.

[44] C. S. Lewis, Über den Schmerz, Köln–Olten 1954,109.

[45] C. S. Lewis, Über Wunder, Basel–Gießen [2]1980, 112.

[46] George Mac Donald in: C. S. Lewis, Die Weisheit meines Meisters, Einsiedeln 1986, 56.

[47] C. S. Lewis, Trauer, Einsiedeln [4]1995, 44.

[48] Maurice Blondel, Logik der Tat, Einsiedeln 1957, 83.

[49] C. S. Lewis, Über den Schmerz, Köln 1954, 54.

[50] Norbert Lohfink, Hinter den Dingen ein Gott, Freiburg 1981, 45.